任性出版

狡猾育兒術

ずるい子育て

親職顧問，在教育領域工作超過40年
知名漫畫《東大特訓班》指導專家
親野智可等——著
林佑純——譯

育兒狡猾≠騙，
而是驅使人行動的技巧，
不催、不罵，
哄出孩子的自動自發，雙贏。

Contents

推薦序一　擺脫焦慮育兒，從生活中培養親子互動／尚瑞君　009
推薦序二　協助孩子學習調整風帆，讓他乘風破浪／洛洛老師　013
前　言　狡猾育兒，父母更輕鬆　017
第一章　不必刻意「教養」　023
大多數事情，長大自然學會／別催！試試廚房計時器／孩子天生會模仿父母／挑食又何妨！／別逼孩子做不擅長的事／不敢大聲打招呼，就改點頭問候／

專欄
區分惡意的與善意的謊言／
泳衣遮住的地方，不能讓別人摸／
跟孩子一起看新聞，並解釋／好獎勵與壞獎勵的差別／
生性懶散？順其自然吧！／繪本和卡通角色是最佳幫手
家裡凌亂，不必太在意
060

第二章
叫不動、丟三落四？父母可以這樣狡猾
061
一早，給一個大大的擁抱／
面對鏡子，做正向的自我暗示／製作家庭時間表／
製作模擬時鐘／用廚房計時器或沙漏，讓時間被看到／

選首主題曲，當作提示鬧鈴／孩子嘴饞時準備水果／
不想讓孩子做的事，先拿塊布遮起來／
把打電動的時間安排在早上／
容易賴床，就拉開窗簾睡覺／
用智慧音箱提醒「該睡覺了」

專欄
偶爾不健康的外食，無妨 096

第三章 不再為上學問題煩惱 097

打造收納學校用品的專區／
回家後，馬上把書包裡的東西倒出來／

不只國語，其他科目也可用朗讀準備／
小學的考試題目，基本上出自課本／
學校的標準不一定正確／
用「請教」的方式跟老師溝通／
到學校面談，雙親出席並穿著正式服裝

專欄　網路上的育兒資訊，參考就好　124

第四章　學習要上癮，你得這樣驅動他　125
要求他「先寫一題」／讓他「先寫一筆」／
作業拆成小單位來寫／準備大張的便利貼「暖身」／

角色扮演學習法／簡單學習法：寫兩年前的習題／
在家中各處貼上學習海報／
常問孩子：「大概多少錢？」／
堆積木、拼拼圖的好處很多／
在玄關放溫度計、溼度計和氣壓計／漫畫更容易讀懂

專欄
少子化時代下的升學挑戰 172

第五章
玩樂，是最強大的學習武器 175
最強鼓勵字眼：「嚇我一跳！」／
和孩子一起挑選筆記本／

專欄

父母最該投資的是自己，不是孩子

家人間的閒聊，不是浪費時間／
親子對話，多用陌生的詞彙／
厭倦了也沒關係，多嘗試／
從他常做的事中找線索

2
0
4

第六章

換個方式讚美與鼓勵，孩子更有感

鼓勵孩子有自己的小天地／
失敗時，先別說：「怎麼又做不好？」／

2
0
5

稱讚某個細節、亮點／跟孩子分享自己遭遇的挫折／
無法當面說的話，就用LINE傳達／
別把「配合別人」視為重要價值／
父母是啦啦隊，不是指揮一切的教練／
全力支持孩子熱愛的事物

專欄

煩躁時，先換上寬鬆的服裝 246

推薦序一

擺脫焦慮育兒，從生活中培養親子互動

暢銷親子作家／尚瑞君

父母終於不必每天為了孩子的功課煩惱，因為更輕鬆、更快樂的育兒方法，都在《狡猾育兒術》中。這是一本由曾在小學執教二十三年的資深教師，用趣味圖文呈現的教養書。

如果要用一個詞語形容現代家長面對教養的心境，**我想很多人會對「焦慮」投下贊成票**。

現代孩子的比較與競爭，從幼兒園就開始了，許多學生放學後，會直接到補習班、安親班繼續學習。而家長在白天也忙於工作，因此一家人能見面的時間只有晚上，父母還須催促孩子吃飯、洗澡、複習功課、睡覺，且日復一日過著重複的生活。

養兒育女和生活的樂趣，真的都會被疲憊和焦慮消磨殆盡嗎？本書教讀者如何運用「狡猾育兒術」，練習適度放手，以好好陪伴孩子成長。每篇章節的重點皆以插圖和短文傳達，再忙碌的家長都可以迅速理解。

書中提到的許多做法，跟我當初陪著兩個孩子長大的方式十分類似，例如：

・讓吃飯成為一種享受：孩子用餐時會模仿大人的言行，當大人帶著感恩和愉悅的心情用餐，孩子自然能在和樂的氛圍中滋養身心。

・泳衣遮住的地方，不能讓別人摸：從小讓孩子知道身體是自己的私領域，別人不能隨便碰觸。

・跟孩子一起看新聞，並解釋：讓孩子從新聞中了解世界的變化，與社會建立真實的互動和連結。

・繪本和卡通角色是最佳幫手：父母運用孩子喜歡的人物，來教導生活常規和技能，甚至模仿角色的聲音說話，既可以增加生活趣味，也能提高執行力和完成度。

推薦序一 擺脫焦慮育兒，從生活中培養親子互動

- 先讓孩子信任你：親子之間的互信要從孩子先相信大人開始，相信大人說的話、做的事，以及大人對自己的愛，孩子才會感受到自己被重視，自然會以真誠的態度接受父母的引導。

- 加強從失敗中復原的能力：孩子經歷過無數次跌倒後，才能學會站穩和走路，但有些孩子越大卻越害怕失敗，往往是因為缺乏從失敗中復原的能力。要鼓勵孩子多探索與嘗試，勇敢面對失敗與挫折，而不是追求完美無瑕。

從上述摘錄的重點中大家可以看見，在育兒初期，**不應看重學校的成績和排名，而是要培養孩子的生活能力、耐心、積極性、上進心、協調性、溝通能力、自我肯定感等**，這些都是孩子未來在適應社會、面對挑戰時不可或缺的能力與技能。但這些技能，往往不是從課本的知識中獲得，而是在生活應對與遊戲中，從真正感興趣的事物中體驗、培養而來。

比起學歷或收入，一個人的幸福感往往取決於「自主決定的程度」。知識可以晚一點學，但自信與自我價值感則需要透過有趣且熱情的生活，以及和樂的親子互動來建立。

推薦序二

協助孩子學習調整風帆，讓他乘風破浪

「洛洛老師—情緒×學習雙趨力」粉絲專頁創辦人、作家／洛洛老師

在當代社會，育兒已成為一場同時需要智慧與彈性的修練。在與許多父母交流後，我發現大家都有很深的「育兒焦慮」，擔心孩子輸在起跑點，急於為他安排各種課程與才藝班，不僅犧牲了寶貴的探索欲望與時間，親子關係也經常因此而緊繃。

本書並非教導父母投機取巧，而是希望幫助家長放鬆心情，以更聰明、更有效率的方式陪伴孩子成長，進而享受美好的親子生活。

書中提到一個理念：玩樂，是最強大的學習武器——玩樂並非浪費時間，而是學習和成長的最佳途徑。當孩子全心投入喜愛的事物時，大腦會高度活躍，並

釋放多巴胺（dopamine），強化神經元之間的連結，加速大腦成長。此時，孩子會主動學習相關知識和技能，像是對恐龍著迷的孩子會主動查閱書籍，學習複雜的名稱和特徵，也培養了專注力和毅力。

而**未來人才最關鍵的能力，正是AI（Artificial Intelligence，人工智慧）難以取代的「人性特質」**——包括情緒覺察、創意發想、跨領域連結等非認知能力。這些能力無法透過課堂直接獲得，而是從生活體驗中累積而來。

父母應該創造豐富多元的體驗機會，例如：在購物時與孩子一同計算，並且用提問的方式，促進孩子思考，將抽象數學與觀念轉化為生活應用；或讓孩子主導家庭旅行，在真實情境中培養出解決複雜問題的韌性。這種「生活即教室」的觀念，比刻意教導更有效。父母應該鼓勵孩子多方嘗試，即使後來失去興趣，這些經驗仍將成為未來發展的重要基礎。

此外，書中也提供實用的方法，以培養孩子良好的生活習慣，減輕父母的負擔。例如製作「提示卡」，在卡片上寫「加速」、「還剩一分鐘」等，提醒孩子要加快腳步，如此一來家長不必嘮叨，還能有效催促；建立家庭時間表，讓孩子直觀的了解時間應該如何分配。當孩子逐步練習自主管理生活，也能增強自信心和責任感。

特別的是，本書也提醒父母關注「親職倦怠」，因為家長的身心健康是教養系統的基石。舉例來說，當忙碌的父母情緒失控時，能藉由深呼吸在零碎的時間內重建能量。這種務實的自我照顧策略，正呼應美國公共衛生局發布的《受壓父母》（*Parents Under Pressure*）報告，當中提到維持家長的心理韌性，是提升育兒品質的關鍵投資。

育兒如同遠洋航行，父母應協助孩子學習調整風帆，讓他乘風破浪，航向屬於自己的遠方。本書提供的不只是方法論，更是從容的生活哲學。我們應該試著培養孩子的自主能力，信任他的成長節奏，並珍惜那些不完美的真實時刻，因為最好的教養，始於接納當下的自己與孩子。

前言
狡猾育兒，父母更輕鬆

「狡猾育兒術」——這樣的書名或許會讓人感到震驚。不過，這本書並不是要建議家長耍小聰明，例如讓自己的孩子用些手段提升成績，贏過其他的孩子，或靠走後門進入名校等。請放心，本書絕對沒有這樣的意圖。

現今選擇單身的人越來越多，這當中有各式各樣的因素。不願踏入婚姻的其中一種可能性，或許是因為**在當今社會中，養育孩子變得越來越辛苦**。

有調查顯示，現在正在養育孩子的女性，幸福感有顯著下降的趨勢。

隨著日本經濟進入「失落的三十年」（按：指一九九〇年代日本泡沫經濟破滅而導致經濟停滯），收入不增反降，物價卻持續攀升，日常生活的開銷越來越沉重，教育費用更是高得驚人。因此夫妻雙方都必須投入職場，但下班回家後，還得拖著疲憊的身軀照顧孩子。在體力、金錢和時間都被消耗殆盡的情況下，讓許多人失去了單純的幸福感。相較之下，可以將收入和時間全部用在自己身上的人，幸福感自然更高，這一點不難理解。

然而，既然你會拿起這本書閱讀，相信你認為，擁有孩子的生活和兩人世界相比，有著截然不同的幸福、充實感與樂趣。若是這樣美好的親子生活讓人感受到辛苦與磨難，那確實令人遺憾。

因此，本書是為了身心俱疲的現代家長所寫，希望能夠幫助父母稍微放下重擔，充分享受育兒的樂趣，獲得家庭帶來的幸福感。而這**最終也會讓孩子受益**，**幫助他培養出自主面對人生挑戰的能力**。

那麼，該怎麼做才能讓育兒變得更輕鬆，並看到孩子順利成長，讓親子都掌握到幸福？

我認為，應該要將商業上的性價比（Price–Performance Ratio）、時效比（Time Performance）等概念導入育兒的領域，換句話說，就是重視效率。

「效率」這個詞，一直以來在教育領域被視為負面的詞彙，結果讓育兒變得比想像中更加困難。我想，現在正是時候轉變思維，實踐能讓父母和孩子都感到愉快，並產生最大效益的育兒方法。

這也是我所提倡的狡猾育兒的理念。

事實上，「希望孩子成長」、「期望子女的學業成績提升」、「想讓孩子變得更好……」擁有這些願望，可以說是為人父母的本能。

但除非超乎常人，否則家長通常很難參與到所有育兒相關活動——舉凡教養、用餐、玩樂、運動、學習、才藝，還有社區和學校的互動、準備考試等，並投入百分之百的精力達到完美。

結果往往是父母的期望落空，而感到焦慮、挫敗，甚至努力了半天，最後卻發現對孩子沒有太大的幫助。

因此，**請務必採取更有效率的方式，並在必要時適時偷懶一下**。

本書會提出幫助父母在日常生活中實踐狡猾育兒的九十九種方法，而這些方法都源自以下五項核心原則：

1. 培養能力更勝於注重教養

大部分關於教養方面的行為，隨著孩子長大自然能學會。如果目前子女的某些行為還不夠成熟，不妨先放下憂慮，協助孩子發展此刻才有機會提升的能力，以獲得更長遠的效益。

2. 重視孩子的個人特質，而非父母的常識

多數家長會認為，如果孩子不努力學習，將來肯定會吃虧。不過，在小學階段學習到的知識，在未來還是能掌握。與其擔心這些，不如把重心放在他現在真正感興趣、主動想探索的事物上。

3. 父母也別忘了享受自己的人生

你是否把自己的生活樂趣放在次要位置，將育兒視為唯一優先的選項？如果總是想「等孩子長大，離開自己身邊之後再說」，你可能會失去享受人生的重要時光。其實，在育兒期間，父母也可以擁有自己的興趣，並非無法兼顧。

4. 讓孩子實際體驗，會帶來自發性的成長

最不費力且效果顯著的方法，就是讓孩子全心投入熱愛的事物中。即使是打電動也沒關係，不須強迫孩子學習，而是讓他沉浸在喜愛的興趣裡，他的世界自然會向外擴展，思維變得更加敏捷，並逐漸培養出面對生活挑戰的能力。

5.孩子是獨立的個體

無論自己的孩子多麼可愛，他都是獨立的個體，不會完全依照父母的意願發展。因此，父母最重要的任務不是控制孩子的行為，而是為他創造合適的環境，找出幫助孩子成長的方法。現代社會正處於變革時期，教育環境也在不斷改變。你應放下自己那一代的固有觀念，幫孩子尋找能發揮天賦的理想環境。

以上就是狡猾育兒的基本理念。在這個資訊繁雜又忙碌的時代，育兒和工作一樣，都需要擬定策略。家長**不應該試圖完成每件事，該放手時就要適度放手**，且對於決定放棄的事，也不須背負不必要的罪惡感。

狡猾育兒的本質，不在於投機取巧——父母感受到幸福，才能真正讓孩子獲得幸福，這才是最重要的核心理念。

第一章

不必刻意「教養」

日文辭典《角川新國語辭典》中，對「教養」的定義是「熟悉禮儀規矩」。具體來說，包括用餐禮儀、問候打招呼、服裝儀容、在公共場合的舉止等，也就是在社會生活中應具備的基本禮儀和行為規範。如果孩子在這些方面做得不夠好，家長就會擔心被別人批評「沒教養」。

那要怎麼做，才能讓孩子具備良好的教養？關於這一點，我想提出兩個重要的概念。

首先，**不必刻意「教養」，只要家長具備基本的禮儀，孩子自然會學習和模仿**。其實，孩童觀察大人的頻率遠超過各位的想像。任何生物為了生存，都會試圖採取與父母同樣的行為。所以，即使不特別強調，孩子也會自然學會與你同等程度的禮儀。

另外，**當家長過度重視教養，子女反而會發展得不如預期**。如果孩子還小，不可能具備與成人同等的禮儀水準。當父母過度嚴格要求、頻繁責備，孩子可能因此失去對父母的信任，甚至喪失安全感。

若孩子感到壓力過大，還可能會產生反抗心理，故意做出違背父母期望的行為，試圖藉此引起父母的注意。例如，即使家長平常會輕輕的關上門，孩子卻會粗魯的大聲關門，反映出教養過度的負面效果。

父母平時用滿滿的愛與耐心對待子女，孩子自然而然就會從父母身上學到禮儀規矩。因此，與其過度重視教養，不如以「對孩子的愛」為重。

狡猾手段 1

大多數事情，長大自然學會

你意想不到的作用

培養孩子的探索欲

你給我坐好！
呀！
哇～
實在很想好好訓他一頓，但要忍耐、忍耐……。

在日本的輿論調查中，「不添麻煩」被普遍認為是孩子應具備的教養。會產生這種想法的原因，一方面是許多家長也在這樣的教養環境中成長；另一方面，家長不希望被認為不會教孩子。

由於孩子的大腦前額葉還在發育中，所以不擅長忍耐，但這些能力都會隨著時間逐漸發展。孩子在幼年時期，偶爾表現出不夠得體的行為舉止，不算是嚴重的問題。

真正的問題在於，如果父母過度在意外界的眼光，一味的責罵孩子，可能會讓他產生「自己很沒用」、「原來我不能照自己的想法去做」等想法，因而剝奪了他的探索欲。

狡猾手段

2

別碎念，用提示卡提醒

你意想不到的作用

父母和孩子相處更和諧

「快點收拾整齊！」、「記得要把手洗乾淨！」如果家長只說一次，孩子通常不會馬上聽話。但當父母重複說很多次，親子雙方多少會感到不耐煩。

為了解決這個問題，我曾看過有家長利用提示卡與孩子溝通——準備寫著「加速」、「還剩一分鐘」、「摺衣服」等指令的卡片。當家長想提醒孩子時，只須把對應的卡片擺在孩子面前。

跟直接口頭說教不一樣的是，這樣的方式比較不會讓雙方感到不耐煩。

例如，孩子在練習鋼琴時，家長如果口頭催促：「節奏要快一點！」語氣容易變得嚴厲，但當家長改用卡片來提醒孩子，練習的氣氛就會變得和諧許多。

狡猾手段 3

別催！試試廚房計時器

你意想不到的作用 ←

省去叨念的麻煩

發現孩子在吃飯、換衣服或準備出門時拖拖拉拉，父母總忍不住開口催促「快一點」。但每天發生這類情況，著實令人感到厭煩。因此，不妨借助一些道具，有助於省下叨念的力氣。

最推薦的輔助道具是**廚房計時器或沙漏**，能讓孩子更**直接感受到時間的流逝**。例如，你可以說：「**我們來挑戰三分鐘內換好衣服！**」讓孩子帶著玩遊戲的心情完成任務；或試著計時：「**看看你能在幾分鐘內完成？**」

播放快節奏的音樂也是個不錯的選擇。像是流行的舞曲或在學校運動會常聽到的曲目，節奏感較強，能自然帶動孩子隨著音樂加快速度。

狡猾手段 4

孩子天生會模仿父母

你意想不到的作用

讓吃飯成為一種享受

不要邊吃飯邊說話、應該坐在位子上乖乖用餐……家長通常特別重視這類餐桌禮儀。

但當孩子比較好動，父母又過度要求遵守，並因此頻繁責罵，可能會讓美好的用餐時間變得痛苦不堪，甚至讓孩子對吃飯產生負面印象。

吃飯應該是一種享受，同時也是人們生活的動力，而在餐桌上和家人對話，更是提升孩子溝通能力的機會。如果孩子在用餐時感受到壓力，生活動力可能會因此減少，人際交流能力也容易下降。然而，**孩子會觀察並模仿父母的言行，即使不特別強調，也能自然學會與父母相同水準的餐桌禮儀。**

狡猾手段 5

挑食又何妨！

你意想不到的作用

用餐的氛圍更重要

似乎有許多家長，都希望自己的孩子不挑食。這種對挑食的擔憂，源自於根深柢固的觀念：「挑食的孩子容易任性，將來面對困難時會選擇逃避。」然而，這樣的說法沒有任何科學根據，卻一直流傳至今。

簡單的說，這不過是迷信。每個人的味覺都存在不同的差異，**跟培養孩子的性格沒有任何關係**。因為挑食而責備孩子，實際上只是在浪費時間和精力。

讓孩子攝取均衡的營養確實很重要。但若孩子真的不喜歡某些食物，也不必過於勉強，可選擇含有同樣營養成分的食材來代替。餐桌上的首要目標，是在用餐時保持輕鬆愉快的氛圍。

狡猾手段 6

大人也會挑食呀！

你意想不到的作用

放鬆用餐，敢吃的食物自然增加

孩子有挑食的習慣，是來自本能。由於小孩不像成年人，能從外觀判斷食物的安全性，因此他們為了保護自己，會本能性的避開酸或苦等，帶有潛在危險味道的食物。

也就是說，挑食、不願意什麼都吃的孩子，正是防衛本能較強的表現。從這個角度來看，家長如果過度要求孩子克服挑食的習慣，是不是也等於在強迫他對抗自己的本能？其實，父母不須過度緊張，隨著孩子長大，能接受的食物種類會逐漸增加。

也有成年人一輩子都無法接受某些特定的食物，但這對他的人生也沒有產生太大的負面影響，對吧？

狡猾手段 7

別逼孩子做不擅長的事

你意想不到的作用

聚焦於長處，發掘孩子的優點

阿爾伯特·愛因斯坦
史蒂夫·賈伯斯
不擅長整理的偉人
這孩子肯定是個小天才。
亂七八糟～

世界上有許多人不擅長維持環境整潔，但這並非父母教養不當的結果，而是個人的天生特質。即使是在同一個家庭中長大的兄弟姐妹，也會有人擅長整理、有人不擅長。

據美國明尼蘇達大學（University of Minnesota）教授凱瑟琳·沃斯（Kathleen Vohs）的研究顯示，不擅長整理的人通常具備高度的創造力。像是物理學家阿爾伯特·愛因斯坦（Einstein Albert）、企業家史蒂夫·賈伯斯（Steve Jobs）等人，都不擅長整理環境。

對於孩子天生不擅長的事，不必過度強求，而是應該聚焦在他們的長處上，幫助孩子發揮先天的優勢。

狡猾手段 8

不敢大聲打招呼，就改點頭問候

你意想不到的作用

自信是這樣建立的

有些孩子會因為害羞而不敢大聲向他人打招呼，尤其在路上遇到鄰居或朋友的父母時，常顯得不知所措。

對於這樣的孩子，可以**教他用輕輕點頭致意的方式問好**。當孩子點頭問候之後，記得誇獎他：「你有好好打招呼了！」以幫助孩子建立自信。

有些學校在早上會安排老師或糾察隊站在校門口，帶領學生大聲打招呼。打招呼確實是人際溝通的第一步，也是社會生活中不可或缺的一部分。

但仔細想想，我們長大後其實很少向他人大聲打招呼。這讓我不禁反思，家長單方面要求孩子這樣做，是不太自然的行為。

狡猾手段

9

區分惡意的與善意的謊言

你意想不到的作用

學會保護自己

明天玩鬼抓人，我們在公園集合！
我也很想去，但我們家跟親戚有約了。
抱歉……

許多家長會教導孩子不可以說謊。的確，平常須適時阻止孩子說出「惡意的謊言」，避免損害他人權益、傷害別人或給人添麻煩。

但有時為了保護自己、改善人際關係或幫助別人，**「善意的謊言」也必須存在**。

例如，當孩子不太想接受朋友的邀約時，或許可以回覆對方：「謝謝你，我也很想去，但我們家跟親戚有約了，可能沒辦法參加。」這樣的小謊言，反而能巧妙迴避不必要的尷尬。

因此，家長應教導孩子如何區分不同的謊言，並讓他們明白，善意的謊言如何在適當的時機下使用。

狡猾手段

10

泳衣遮住的地方，不能讓別人摸

你意想不到的作用

讓孩子學會自保

有時候，孩子會在不知情的情況下遭遇到性騷擾或性侵害。為了防止這樣的情況，家長可以主動向孩子解釋「泳衣區域」的概念：

- 泳衣遮住的部位非常重要，不能讓任何人看或碰觸。
- 如果有人想看或摸這些地方，要勇敢的說：「不可以！」並立刻告訴自己信任的人。
- 不能看或摸別人的泳衣區域。

市面上有許多優質的性教育相關繪本，家長可以利用這些資源，幫助孩子理解和學習。

狡猾手段

11

跟孩子一起看新聞，並解釋

←你意想不到的作用

守護孩子遠離犯罪

近年來，暗黑打工（按：不法集團透過社群發布招募廣告，吸引應徵者犯下詐騙和暴力案件）與持有大麻等犯罪行為，明顯有低齡化的趨勢，甚至曾發生國中生因持有大麻而被逮捕的事件。

身為家長，在看到新聞時可能會心想：「我家的孩子不會這樣吧？」但未成年犯罪的猖獗程度，已是每個家庭必須有所認知的問題。

建議父母**平常就跟孩子一起收看新聞，簡單的為孩子解釋**，幫助他理解潛在的危險。當然，建立輕鬆對話、彼此信任的親子關係，也是十分重要的基礎。

孩子平時若能感受到父母對他們的關愛，自然就不會輕易的冒險。

狡猾手段

12

訓練孩子提醒自己

←你意想不到的作用

減少責備和提醒的次數

A小朋友每天早上須幫陽臺上的盆栽澆水。但他經常忘記這件事，還因此被媽媽責備。有一天，媽媽提議他在睡覺前，把裝滿水的寶特瓶放在枕頭邊，結果他從此再也沒忘記要澆水。

B小朋友總會忘記從學校帶回換下的運動服。後來，他在書包蓋內側貼上一張寫著「運動服」的紙，從此再也沒忘記過。

C小朋友早上總是要花很長的時間才能起床。後來，他在枕頭旁邊放溼毛巾，早上醒來之後立刻用溼毛巾擦臉跟手，結果賴床的時間減少了一半。

諸如此類，只須活用一些小技巧，就能降低父母責備和提醒孩子的次數。

狡猾手段 13

好獎勵與壞獎勵的差別

你意想不到的作用

不獎勵，也有動力

關於在教育中活用獎勵的方式，家長通常抱持著不同看法。不過，也分為壞獎勵和好獎勵。

對孩子說：「寫完作業就給你一百日圓（按：依二〇二五年四月初匯率計算，一日圓約等於新臺幣〇．二二元）。」、「完成〇〇就買□□給你。」像這樣**特別準備獎勵，很容易讓他養成沒有獎勵就不願意做事，甚至要求越來越高的習慣**，我比較不建議這麼做。

但像是「念完書就可以吃點心」、「寫完作業之後才能看動畫」，**調整原本既定行程順序，當作給孩子的獎勵**，就不會產生上述的副作用，也能達成激勵孩子的效果。

狡猾手段 14

改變提問方式

你意想不到的作用

自己選擇，自己負責

「你一定要〇〇！」、「你最好還是先〇〇吧！」孩子常會接收到來自大人的指示。但他往往會因為習慣而左耳進右耳出，有時根本不會放在心上。

在這種情況下，與其單方面下指令，不如**讓他自己做決定或選擇**，且不要責備他。

舉個例子，與其強制要求在玩耍前先寫好作業，倒不如問他：「要在玩之前先寫好作業，還是先玩再寫作業？你選哪種？」讓孩子自己做決定。

當孩子做出選擇後，會產生「這是我自己的選擇，必須好好遵守」的責任感，比起單純聽從指令，會更願意實際採取行動。

狡猾手段 15

生性懶散？順其自然吧！

你意想不到的作用

父母很難改變孩子的天性

有時候會出現兄弟姐妹中，有些孩子非常能幹，有些卻比較懶散邋遢的情形。即使在一樣的家庭環境下長大，孩子之間仍存在不同的性格。

許多父母擔心孩子長大後會因為個性懶散而吃苦，所以認為一定要幫他改掉壞習慣，於是嚴格管教。但要矯正孩子的天性，其實非常困難，這會讓家長在不知不覺間經常責備孩子，並因此降低雙方的自我肯定感。

不過，關於許多真正需要改變的習慣，當孩子長大後，深刻體會到必要性時，會啟動自我改造的開關。所以，不須在孩子還小的時候，就強行改變他。

狡猾手段

16

繪本和卡通角色是最佳幫手

你意想不到的作用

孩子容易接受，家長也能發現樂趣

坊間販售許多與教養相關的繪本，內容包括睡前故事、洗手、打招呼、用餐禮儀、人際交流、交通安全等主題，家長可透過與孩子一同看圖說故事，教導幼兒正確的生活習慣及社會規範。

另一個能在教養方面提供極大協助的，是各大媒體上常出現的卡通角色。根據一些家長在社群媒體上分享，當他們戴上角色面具，嘴上說著：「來，跟我一起做！」孩子就會更願意執行刷牙、換衣服等日常任務。

此外，有些玩具也會發出角色的聲音來鼓勵孩子。借助這些人物的力量，家長能更輕鬆的解決日常教養中，可能遇到的問題。

狡猾手段 17

先讓孩子信任你

你意想不到的作用

改善親子關係，打造最快捷徑

我過去從事教職時，班上有許多不守規矩的孩子。

但隨著時間過去，當我和學生之間建立了良好的關係後，只須輕聲提醒一句：「筷子用完要收進盒子裡哦！」他們就會乖乖回應：「好！」這讓我明白，即使不嚴厲提醒，只要孩子對你產生信任感，他們通常就會聽從你的指導。

不過，有些孩子確實比較難建立對他人的信任，這通常是因為他們在家裡經常被責罵，對大人懷抱著不信任感。

因此，如果想好好教育孩子，在責備他之前，先努力改善親子關係，才是最快的捷徑。當孩子感受到被重視，自然會以真誠的態度接受你的引導。

專欄

家裡凌亂，不必太在意

當你疲憊的回到家，卻看到家裡亂七八糟時，心情難免會感到煩躁。尤其是對習慣維持整潔的家長來說，如果孩子把家裡弄得凌亂不堪，可能會成為巨大的壓力來源，甚至忍不住發火：「快去收拾乾淨！」

但平心而論，在育兒的過程中，維持家庭環境整潔並不是優先事項。如果你感到身心俱疲，最重要的是**先照顧好自己的身體與心靈**。

倘若實在無法忽視家中的混亂，那麼可以只挑一件事來處理。例如，清掉一個垃圾，或隨手將亂放的東西收好，然後告訴自己：「做到這樣就夠了。」、「我今天也很努力了！」這麼做，不僅能帶來成就感，也有助於提升自我肯定感，穩定你的情緒。

第二章

叫不動、丟三落四？父母可以這樣狡猾

當你覺得「這邊要是能掛包包，一定會方便許多」，便會設法裝上掛鉤；或想到「明天絕對不能遲到」，就會提前設好鬧鐘。我們在生活中，總是設法讓一切運作得更順利。

然而，**孩子還不懂這些「巧思」，因此經常容易忘東忘西，或無法順利完成應該做的事，而時常遭遇挫折**。

這種狀況發生時，父母常會忍不住責備孩子：「要講幾次你才會聽懂？」、「為什麼做不到？」但這麼做，無法真正解決問題。

孩子並非天生就知道該怎麼做，所以家長的責任，是想辦法在不責備孩子的情況下，讓孩子動起來。換句話說，父母應該設計一個不責備的系統，而不是一味的責罵。

讀到這裡，有些讀者或許會覺得「這也太麻煩了」、「這樣哪裡省力」，但**孩子因為這些小技巧而順利完成任務時，他會感到驚喜和滿足；父母也能減少責罵的頻率，因此減輕育兒帶來的壓力**。只須透過一點點巧思，你就會實際感到輕鬆許多。

建立合理的育兒方法，不僅能推動孩子執行任務，更能帶來意想不到的好處——那就是教他們遇到困難時，應該設法解決。

在人生中，不可能事事順心，但能不斷動腦解決問題的人，最終會擁有更美好的人生——當父母在日常生活中展現出這樣的態度，孩子也將學會在生活中運用巧思，解決問題。

相反的，當孩子失敗，或無法達成某些目標時，**如果父母只是責備，那麼他會從中學到的是什麼？他會模仿父母，認為「事情進行得不順利時，要把原因歸咎在別人身上」，或「責備他人能讓自己的心情好一點」**。

我將這稱為「潛在教育」。誠如人們所說：「**孩子不一定會聽你說什麼，但一定會學你做什麼。**」

狡猾手段 18

讓孩子愉快的出門上學

你意想不到的作用

心情低落，就容易發生意外

孩子的上學時間，通常是交通尖峰時段，家長難免擔心容易發生事故等危險。有一種說法是，孩子如果帶著不愉快的心情出門，會更容易捲入交通事故、與同學發生衝突，甚至受傷。

這是因為孩子在生理上的視野範圍比較狹窄，而在心情低落的狀態下，常會低著頭走路，便無法確實觀察周圍的環境變化，進而增加意外發生的風險。同時，心中感到煩悶，也會讓孩子在課堂上無法集中精神，影響學習的成效。

也就是說，讓孩子早上帶著愉快的心情出門，不但能保護他的安全，也能幫助他在學校裡專心學習、提升成績，可說是效益極高。

狡猾手段 19

一早，給一個大大的擁抱

你意想不到的作用

任誰都能輕鬆做到，效果無可比擬

早上讓孩子心情愉快的出門，能帶來許多好處。不妨試試看以下方法：

- **給孩子一個大大的擁抱：**透過肢體接觸，孩子能充分感受到父母的愛。這是既不耗時也不費力，但能發揮最大效果的好方法。
- **互相說正面積極的話或口號：**家長先說：「今天也要加油喔！」或「今天也會是開心的一天！」並讓孩子跟著說一遍。言語的力量不容小覷，這能讓孩子帶著好心情，開啟嶄新的一天。
- **用搔癢、搞笑的表情或動作逗笑孩子：**笑對大腦有極大的正面影響，讓孩子帶著滿臉的笑容出門吧！

狡猾手段 20

起床後，先微笑

你意想不到的作用

父母先打起精神，孩子也會跟著振作

在早上，不少家長會因為工作或其他壓力而感到憂鬱。父母畢竟也是普通人，時時保持愉快的心情不是件容易的事。不過，若孩子在早上感受到家長的負面情緒，他也容易受到影響。所以，我建議家長試著**在早上起床後，先微笑**。

即便笑容是裝出來的也沒關係，只要臉上露出笑容，體內就會分泌血清素（Serotonin），使人感到平靜和幸福。

當人們快樂時，會自然而然的露出微笑，但當我們刻意微笑時，也能反過來感受到幸福與快樂。

根據腦科學的研究，關鍵在於如何善用大腦容易被「欺騙」的特質。因此，不妨在日常生活中多增添一些笑容。

狡猾手段 21

面對鏡子，做正向的自我暗示

你意想不到的作用

讓孩子大聲說出來，展現自信

在社群平臺 Instagram 上，你可能常看到這樣的影片：國外的孩子早上面對鏡子說出積極正向的話後，再去上學。「今天也會是快樂的一天」、「我會對朋友很友善」、「我很擅長運動」、「大家都很重視我」，這些話其實都是對自己施加的正面暗示。

在實際說出這些話時，自己也會聽到，並發揮近似於別人對自己說的效果。因此，**請嘗試讓孩子說出聲來**。

若孩子實在不習慣面對鏡子說話，家長可以先說出正面的言語，讓孩子跟著重複說。這樣的做法不僅對孩子有幫助，平常大人自己這樣做，也能產生同樣的效果。

狡猾手段 22

製作家庭時間表

你意想不到的作用

讓他學會時間分配

現代的孩子每天都有許多事要做。在這種時候，**「家庭時間表」就是實用的小幫手**。你可以準備一個白板，劃分孩子從放學到就寢的時間，並將各種活動寫在磁鐵標籤上後貼在白板，檢視他的行程。

除了為孩子安排必須做的事，也包括孩子想做的事。舉例來說，孩子如果想打兩小時的電動，就讓他們自己製作電動標籤。接著，可以將寫作業、吃晚餐、打電動、洗澡、鋼琴練習等磁鐵，一一排列在白板上，讓孩子清楚看見時間如何分配，例如：「因為我晚上想玩遊戲，所以在下午這個時段，就要乖乖寫作業。」藉此逐步學習自我管理。

狡猾手段 23

製作模擬時鐘

← 你意想不到的作用

暗示他開始寫作業

讓時間視覺化的最簡單方法之一，就是**製作模擬時鐘當作輔助道具**。做法是直接在圖畫紙上，畫出一個實際大小的時鐘。

假設你希望孩子在下午五點開始寫作業，可畫出時針指向五點的時鐘，並寫上「開始寫作業」，然後把它貼在真正的時鐘旁邊。這麼一來，孩子會看到真正的時鐘指針慢慢接近五點，就會意識到「再過二十分鐘，就要開始寫作業了」，不知不覺中做好心理準備。

我過去在擔任教職時，就曾用模擬時鐘標示出會議結束時間，最後也讓會議順利在預定的時間結束。這個方法對成年人來說也非常有效。

狡猾手段

24

用廚房計時器或沙漏，讓時間被看到

你意想不到的作用

讓孩子實際感受到剩餘的時間，意識到「時間不是無限的」

許多家長會擔心孩子懶散成性，養成沒辦法按時完成任務、做什麼都比別人慢一步、容易遲到等壞習慣。這種時候，可以讓孩子透過一些讓時間「視覺化」的工具，協助他們控管時間。

例如，利用廚房計時器或沙漏，只要設定好分鐘數，隨著時間過去，計時器上的時間會逐漸減少，能讓孩子更直接的感受到剩餘多少時間。

孩子之所以無法有效管理時間，主要是因為他們跟成年人不同，累積的「時間經驗值」較少，因此對剩餘時間的概念不夠具體。以孩子的體感來說，他們容易覺得時間是無限的。

狡猾手段 25

選首主題曲，當作提示鬧鈴

你意想不到的作用

不必再時時提醒孩子

小時候，你是否常在午休結束或放學時，聽到學校播放一段熟悉的音樂？當特定音樂與行動產生連結，不需要特別做出指示，孩子就能反射性的採取必要的行動。

某個家庭的家長，設定了一首學習的音樂，並規定孩子「**當這首音樂響起，就要在音樂結束之前開始念書**」。由於只要在音樂結束之前收心就好，孩子也能更順利的從玩樂切換到學習模式。

這個方法也適用在早上起床，或打電動等玩樂時間結束時等。如果讓孩子挑選喜歡的音樂，他們更會覺得「因為這是我自己決定的曲子，所以一定要遵守」，而發揮更理想的效果。

狡猾手段 26

孩子嘴饞時準備水果

你意想不到的作用

簡單又美味，且營養價值高

父母拖著疲憊的身軀，剛下班回到家時，如果被孩子：「肚子餓了！」、「什麼時候能吃飯！」的聲音團團包圍，確實讓人傷腦筋。

此時，為了讓孩子能撐到正餐時間，不妨先讓他們吃些簡單又健康的水果。

水果富含多種維生素、礦物質和膳食纖維，除了比高糖分及人工添加物的零食健康，也更適合味覺發育中的孩子。

特別是微波加熱過的蘋果或香蕉，在稍微放涼後，甜味會更加濃郁，非常適合當作日常點心。請務必找機會嘗試看看。

狡猾手段 27

不想讓孩子做的事，先拿塊布遮起來

你意想不到的作用

降低物品的存在感，輕鬆減少誘惑

這是我從某個家庭聽來的小妙招。

那家的孩子特別喜歡看動畫，如果放著不管，他就會一直盯著螢幕，完全不寫作業。而且近年來，電視的尺寸越做越大，當那麼一大塊黑色的螢幕在眼前，總是讓人忍不住想打開它。

於是，到了孩子的念書時間，家長就會**拿一塊大大的布蓋在電視上，讓它消失在視線中，從物理上阻絕這個誘惑**。有趣的是，一旦用布遮住，電視彷彿就不見了。只要看不見，孩子就會自然忘記電視的存在。

更有趣的是，當孩子寫完作業後，家長會說一句：「恭喜你寫完作業！」然後隆重的把布掀開。

狡猾手段

28

合理規定每天玩耍的時間

你意想不到的作用

減少孩子的不滿情緒

根據東京大學研究所的藤本徹副教授表示，目前並沒有相關研究或調查結果顯示，孩子每天打超過三小時以上的電動，會導致成年後遊戲成癮。

他也建議，家長如果感到擔憂，**可以規定孩子將每天的遊戲時間控制在三個小時左右**。

我認識的某個家庭，就制定了這樣的規則：「只要孩子先完成作業等該做的事，每天就可以打兩個小時的電動，然後花五分鐘和父母開心的討論遊戲。」這樣的安排讓孩子心服口服，家長也比較不會因為孩子打電動太久而責罵他。

與其全面禁止玩遊戲，不妨跟他一起討論並訂下相關規則。

狡猾手段 29

家長也一起玩遊戲

你意想不到的作用

減少孩子的孤單感、提升家長的說服力

只靠責罵來防範孩子對遊戲成癮，往往容易造成反效果。無論是藥物、酒精，或電玩成癮，當人們感到孤單時，更容易對事物產生依賴感。

如果父母過度苛責，讓孩子感到自己在家中孤單無助，反而可能增加他對遊戲的依賴程度。

因此，不如轉換思維，試著透過遊戲來加強親子間的溝通與連結。父母可以聽孩子分享遊戲心得，適時讚美，甚至一起打電動，請孩子教自己操作。

這些互動不僅能拉近彼此的距離，父母也能提出建議：「遊戲很有趣，讓我擔心會不會容易沉迷。」引導孩子思考，並討論出適當的遊戲規範。

狡猾手段

30

把打電動的時間安排在早上

你意想不到的作用

他就會早睡早起

如果孩子因為晚上打電動而早上起不來，可以試著**把遊戲時間安排在早上出門上學前**。

比方說，假設孩子要在早上八點出門，而且希望在出門前打一個小時的電動，那麼他最晚就得在六點半起床。

簡單來說，只須訂下「只能在早上出門前打電動」的規矩，至於具體的時間安排和內容，則交給孩子自行決定。這樣做他比較容易接受，並且執行起來會更順利。

如果這個方法有效，不但能避免孩子晚上因為打電動而興奮難眠，也能讓他在這個過程中學習自我管理，養成自律的能力。

狡猾手段 31

規定洗澡時間

你意想不到的作用

訂規矩，容易養成習慣

從洗好澡到就寢時間，大約抓一個小時。
現在是晚上八點，我覺得時間差不多了。
水槍
筆記
那我去洗澡了。

間諜家庭

現在有不少孩子會因為晚上熬夜，早上很難準時起床。要讓孩子養成早睡的習慣，最簡單、有效的方法就是**規定好洗澡的時間**。

研究顯示，洗澡後體溫會迅速上升，而隨著時間過去，體溫逐漸下降，便自然引發睡意。不過，想睡的時間也因為入浴方式和個人體質不同而有所差異，因此無法一概而論。

所以，家長可以花些時間，觀察並記錄孩子在每次洗澡後，到入睡時所需的時間。當你掌握了大致的時間後，可**從希望孩子就寢的時間往前推算，來安排合適的洗澡時間**。訂下明確的規矩，孩子也比較容易養成習慣。

狡猾手段 32

容易賴床，就拉開窗簾睡覺

你意想不到的作用

配合太陽的運行來調整作息

家長在早上起床後，可以立刻拉開窗簾，讓熟睡中的孩子沐浴在晨光中。陽光會抑制睡意來源，也就是抑制褪黑激素（melatonin）分泌，讓孩子更容易清醒過來。如果居住環境安全無虞，睡前先拉開窗簾會更方便。

在沒有人工照明的遠古時期，人們隨著日出而起、日落而眠。因此在那個時代，熬夜、失眠，或很難早起的人不太常見。

孩子早上容易賴床，通常是因為現代生活環境和步調，不符合生理的自然節奏。其實，配合太陽的運行來調整作息，才是最輕鬆自然的做法。

狡猾手段 33

用智慧音箱提醒「該睡覺了」

你意想不到的作用

機器不會發脾氣，孩子也覺得有趣

叮咚
晚上九點了，
差不多該結束遊戲，
準備上床睡覺。
智慧音箱
好~
太棒了！

像Alexa（按：亞馬遜公司推出的智慧型助理）這類的智慧音箱，跟電腦或手機不同，它不需要輸入文字或鍵盤操作，就連孩子也可以輕鬆上手。

如果希望孩子晚上早點睡，可對智慧音箱提出指令：「Alexa，晚上九點請提醒孩子睡覺。」便會自動設定好鬧鐘，並在時間到的時候發出提醒語音。

如果能與電燈結合設定，讓燈光在指定的時間自動熄滅，效果會更好。

同樣的，約定好該開始念書或結束遊戲的時間後，可以讓孩子對智慧音箱自行提出指令。比起父母不斷提醒，這種方式能讓他們更樂意執行。

專欄 偶爾不健康的外食，無妨

家長希望孩子能吃得健康，是再自然也不過的願望。但在生活中，每個人都會有身心俱疲的時候。這時如果選擇不下廚，是否就代表我們是不夠稱職的父母？

其實，現在有許多既安全又美味的現成餐點可以選擇，無論是便利商店的熟食、外送服務，都能輕鬆解決一餐。或許你會擔心這些食物的營養是否均衡，但在一年三百六十五天裡，不可能每餐都兼顧絕對的完美與均衡。偶爾不那麼注重營養，也不會對孩子的成長或健康產生重大影響。

當感到有些吃力時，不妨積極利用這些方便的選擇。育兒需要保持身心的餘裕，疲憊的時候，適時讓自己好好休息、恢復體力，才是為人父母的首要任務。

第三章

不再為上學問題煩惱

學校對孩子來說，是僅次於家庭的重要環境。不過，日益嚴重的拒學問題、教職員的過勞與心理壓力，以及校園霸凌、班級失序，還有與社團活動、家長會等相關的爭議，早已存在超過十幾年。

在日本，學校不僅主導孩子的學習，也肩負品德教育、生活習慣，甚至數位素養等多方面的責任。然而，隨著社會變遷加劇，學校已無法承受上述的重擔。如今，要讓所有孩子都喜歡上學，儼然已成為一項重大的挑戰。

因此，我想提醒各位：**不要對學校抱持過高的期望，也別因為孩子在學校遭遇到挫折，就為此過度煩惱**。

舉例來說，如果你的孩子因為某些原因不想上學，你可能會擔心，甚至試圖強迫他去上學。

但請先了解，孩子不想上學，一定有其原因。若不試圖了解他的狀況，就強行要求他去學校，只會增加他的痛苦。原本應該帶給孩子快樂與成長的校園，反倒成為壓力的源頭，這樣的情況顯然違背了教育的初衷。

在現今環境下，學校的價值與意義，相較於過去已明顯降低。因此，家長的心態也應該隨之調整，將學校視為幫助孩子成長的一個選項，而不是必經之路。

理解「學校並不代表一切」，能在面對拒學等問題時，採取更靈活的應對措施。無論如何，請將孩子的幸福優先放在第一位。

狡猾手段

34

孩子在學校常被罵？

你意想不到的作用

他只是不擅長團體生活

雖然學校普遍提倡重視個體，但實際上，學校更看重的是整齊劃一的步調，強調班級或年級間的整體協調性，這跟重視個體的理念恰巧背道而馳。

過去，無法融入群體的孩子往往會遭受嚴厲的批判，甚至是體罰。雖然這樣的教育方式，現代已不再允許，但是學校由於教師的人數有限，仍不得不實行團體教育。而且，許多教師仍將教育的重點放在「懂得配合其他人」這件事上。這也是為什麼不擅長團體行動的孩子，在學校容易被訓斥的原因。

然而別忘了，孩子在學校的時間，只占人生的一小部分。即使他在學校不擅長團體生活，也不代表未來無法成功。

狡猾手段 35

打造收納學校用品的專區

你意想不到的作用

即使他不擅長整理，也容易察覺到少帶什麼

孩子在準備上學時經常手忙腳亂的原因之一，就是**需要的物品散落在家中各處**。

例如，彩色筆放在書桌的抽屜裡、參考書放在書架上、手帕放在玄關的櫃子上，運動鞋則收在鞋櫃裡。

這樣一來，出門前需要花很多時間四處搜尋，也容易忘記帶東西。

為了避免這種狀況，建議在家裡設置一個專區，將所有上學要用的東西集中收納。

這樣**不但方便尋找需要的物品**，也讓孩子在準備上學時，**更容易察覺到少帶了哪些東西**。

狡猾手段 36

老忘東忘西？別苛責

你意想不到的作用

隨著年齡增長，大多數人都會改善

學校要求孩子帶的物品非常多，無形中更容易忘記帶東西。

運動服、泳衣這些明確的物品倒還好，但學校也會規定學生自行準備量角器、圓規，或美術、書法等用具，自然容易忘了帶。

在許多國外學校，這類物品通常由學校提供；但在日本，部分由於牽扯到商業利益，多數情況都須由家庭自行準備。這不但會增加家庭的經濟負擔，也讓孩子通學時很吃力。

因此，孩子常忘記帶東西，很大一部分的原因是出在教育制度上，家長不必過於苛責孩子。隨著他逐漸成長，大部分狀況都會改善。

狡猾手段

37

回家後，馬上把書包裡的東西倒出來

你意想不到的作用

東西不會莫名其妙的失蹤

有個簡單的方法，能避免孩子忘記把聯絡簿或通知單拿給家長。

那就是在家中的玄關放一個大而淺的收納盒，**要求孩子從學校回來後，直接把書包內的物品全倒進這個盒子**。如此一來，隔天要帶的用品、必須交給家長的單子，就能看得一清二楚。

收納盒的理想尺寸是**大約能放下兩個書包，且深度最好不要超過七公分**。太小會讓東西滿出來，太深則不容易看清楚內容物；也可以考慮用紙箱製作。

對孩子來說，學會管理物品並不容易，光靠口頭提醒或責備，也很難養成良好的習慣，因此需要更具體的做法來加以引導。

狡猾手段

38

孩子看到作業，即使在玩耍，心裡也有個底

你意想不到的作用

連帶督促孩子寫作業

前一節提到，可以在玄關放一個大而淺的收納盒。而對總是拖拖拉拉、不願寫作業的孩子來說，也有督促寫功課的效果。

當孩子養成回家後，直接把書包的內容物倒進收納盒的習慣，就會順勢看到作業或練習簿，即使後來跑去玩，心裡也會記得還有作業沒有完成。如果再進一步把需要寫的作業和文具擺在桌上，翻到要寫的頁面，效果會更顯著。

這個清空書包的習慣，也讓家長省去翻找聯絡簿或通知單的麻煩，可說是一舉兩得。

狡猾手段

39

朗讀，有助於提升成績

你意想不到的作用

增加趣味性，還能強化記憶

只要家長留意孩子的聯絡簿，就能大致掌握學習進度。通常當同一個單元的課程重複約七、八次後，就會開始進行該單元的測驗。

例如，當自然科的「水溶液」單元已經連續上了七、八堂課，就可以預測接下來會出現相關的考試。這時，讓孩子集中朗讀關於「水溶液」的內容，就有助於提升成績。

平常可以嘗試用有趣的方法來朗讀。有些家庭會以音樂劇的形式分段進行，加上一些旋律，就像在唱歌一樣輕鬆愉快；有的家庭則會用饒舌（rap）的方式進行，**比起單調的閱讀，不但能增加趣味性，還可強化記憶效果**。

狡猾手段 40

不只國語，其他科目也可用朗讀準備

←你意想不到的作用

不愛學習的孩子也能接受

在考試前讓孩子朗讀教科書，大部分學童在成績上都會有明顯的提升。因為在日本，學校的考試題目不能超出課本的範圍。

就算孩童不愛學習，如果只需要朗讀，通常也比較容易接受。

提到朗讀，許多家長可能會先聯想到國語這個科目，**但其實無論是自然、社會還是數學，用朗讀課本的方式來學習**，都是非常有效的方法。

任何科目都可以透過朗讀來增進記憶，特別是社會這類需要背誦的科目，孩子會更快記住重點。

狡猾手段 41

小學的考試題目，基本上出自課本

你意想不到的作用

朗讀出聲，讓記憶更穩固

小學的考試題目，基本上都是出自課本裡的內容。所以，就算不做練習題、不上補習班，只要反覆朗讀、背誦教科書，就能做好萬全的準備——鎖定考試範圍、反覆朗讀，就能讓孩子自然而然的記住。

如果孩子覺得重複朗讀同樣的內容很枯燥，不妨試著調整一下，讓學習過程變得有趣。

家長可以跟孩子一起朗讀，或加入一些創意元素，例如像唱歌一樣加上旋律，或模仿孩子喜愛的卡通角色來朗讀，像用玩遊戲的方式來增添趣味。

如此一來，能避免坐在書桌前強迫學習的壓力，讓學習變得更愉快。

狡猾手段 42

學校的標準不一定正確

← 你意想不到的作用

只要看得懂是哪個字就行了

在學校裡，許多老師會堅持寫字的細枝末節，過於鑽牛角尖。

有不少孩子不喜歡寫字，其中一項原因或許正是來自學校對「收、勾、撇」這些筆畫的細節要求。

例如，字寫對了，但筆畫應該勾的地方沒有勾起來，就直接被打了個╳，這難免讓孩子感到挫敗。

如果你的孩子因為這樣拿了個大大的╳，請幫他在考卷上打個○，並告訴他：「雖然因為小細節被扣分，但我知道你很努力了，媽媽給你一百分！」

狡猾手段 43

不想上學？先聽他說

你意想不到的作用

幫助他釋放壓力，找出合適的應對方式

謝謝你願意告訴我，
不要緊，
今天就好好休息。
嗯，謝謝媽媽。

當孩子表示不想上學時，如果強行送他去學校，可能只會使他感到更加痛苦。這種時候，父母若能帶著同理心聆聽孩子的心聲，可以幫助他釋放壓力，心情多少會輕鬆一些。

對父母來說，**透過對話能了解目前的狀況，找出合適的應對方式**。

家長可考慮居家學習等，讓孩子在較自在的環境，度過豐富的學習時光，這甚至可能比待在重視團體活動的學校中，更能讓孩子發揮出潛在的能力。

逃避上學不是孩子的錯，問題出在現存學校體系無法滿足個體的需求。當家長穩住心態，認知到不去上學也沒關係，孩子的情緒也會相對穩定許多。

狡猾手段 44

用「請教」的方式跟老師溝通

你意想不到的作用

避免被當成怪獸家長

當老師在教學上確實存在問題，例如強迫孩子吃完營養午餐，或出太多作業時，家長偶爾也需要適時介入。這時，掌握大人的交涉技巧尤其重要。

首先，**可以先用讚美的詞句來緩和氣氛**，例如：「孩子之前有說過，老師教的課都很容易聽懂。」藉此為接下來的話題鋪陳。

接下來，不要直接抱怨，而是**盡量用「請教」的方式來對話**，像是：「我們家孩子胃口比較小，老是吃不完營養午餐。」或「孩子寫作業總是要花很長的時間。」等，逐步向老師揭露你希望談論的主題。

狡猾手段

45

到學校面談，雙親出席並穿著正式服裝

你意想不到的作用

讓校方實際感受到家長的認真程度

當有老師行使言語暴力，或孩子在班上遭受霸凌，學校卻沒有妥善處理，家長就有必要主動向班導師或校長反映情況，並要求校方介入處理。

在這種時刻，家長表達出對事件的重視程度格外關鍵，**建議盡可能雙親都到場**，才能發揮預期的效果。

同時，**穿著正式服裝如西裝出席**，也可以強調認真的態度。

除了穿著帶來的觀感之外，也能夠向校方釋出明確的訊息，讓他們認知到：「這是十分重大的問題，學校絕不能輕忽。」

專欄 網路上的育兒資訊，參考就好

家長如果想尋找育兒相關資訊，Instagram是個非常值得參考的管道。在這個社群平臺上，不僅可以找到專家的建議，也有許多正處於育兒階段的家長提供最新資訊。例如，搜尋「#育兒」等主題標籤，就能輕鬆網羅自己感興趣的內容。

在Instagram上，無論是對孩子具啟發性的話語、時下流行的遊戲與玩具、實用的教材和繪本，或方便的用品等，大都以圖片或影片的方式簡單呈現。此外，也有不少描寫育兒現實的漫畫、讓人會心一笑的短片。

不過，在這些混雜的資訊中，也不乏許多來路不明的內容，所以不建議毫無戒心的全盤接受。**特別是與醫療和健康相關的資訊**，建議一定要謹慎查明，盡量參考值得信賴的資訊來源。

第四章

學習要上癮，你得這樣驅動他

各位對「學習」這件事，有什麼印象？是閃閃發亮、充滿樂趣的正面印象？還是枯燥、煩人、難懂、充滿義務感和壓力的負面印象？

如果你對學習抱持著負面的看法，可能是因為學校的學習過程，充滿了不得不面對的作業和測驗，讓人無法感受到吸收新知帶來的樂趣。

事實上，學習對人類來說，原本是件非常有趣的事。回想起我們的童年，大多數人都會想到自由自在玩耍的時光，而遊戲本身就是其中一種學習。在玩樂中，孩子學會許多知識和技能。

這一點也同樣適用於成年人。當我們從事喜愛的運動、樂器演奏或創作等活動，大腦會不斷接收新的刺激，並享受進步的過程，這就是學習的本質；其帶來的喜悅與年齡無關，我們終生都在不斷習得各種不同的能力。

可惜的是，學校這個屬於學習的地方，卻往往令孩子感到厭惡。因此，**希望各位家長能帶給孩子「學習很有趣」的印象**。

孩子之所以反感，通常是因為課程的內容或模式不符合他們「現在」的需求。如果他們體驗到「我懂了！」、「我做到了！」的成就感，就比較能享受學習本身帶來的樂趣。

不過，如果內容太簡單，學習會相對無趣，所以**最理想的反倒是稍具挑戰性的內容**。

至於學年的課程只是一個參考指標，例如，如果孩子是小學六年級的學生，卻仍然不熟悉九九乘法表，那就讓他回頭練習二年級的數學題目；反之，假如孩子覺得內容太簡單，不妨讓他接觸更高年級的題目。

學校的課程採統一教學方式，**但在家中則建議因材施教**。只要讓孩子感受到「學習真有趣」，他們就會自動自發的投入其中，探究更多知識。

狡猾手段 46

要求他「先寫一題」

你意想不到的作用

降低開始寫作業的心理門檻

不少孩子回家後會先玩樂，把作業留到睡前才急急忙忙的完成。面對這樣的孩子，不妨**在他開始玩之前，採取「先寫一題」的策略**。

比方說，要求他「先寫一題計算題」或「先練習寫一個生字」，這樣的小任務會讓孩子較容易著手。而一旦開始寫了，可能會進一步完成兩題、三題。

就算寫完一題後沒有繼續下去，他至少會對當天整體的作業量有個概念，之後就會降低做作業的心理門檻。

成年人在平常也會遇到類似的狀況，當對實際的工作內容毫無頭緒時，很難激發動力；但如果已經掌握大致的概念，做起來就會輕鬆許多。

狡猾手段 47

讓他「先寫一筆」

你意想不到的作用

實際做之後，會湧現動力

如果孩子連對於「先寫一題計算題」或「練習寫一個生字」都感到抗拒，就須為他大幅降低寫作業的門檻。

在孩子念書或寫作業前，可以先對他說：「先寫『三點水』最上面那一點就好。」孩子通常會覺得很簡單，而願意動筆。

日本腦科學家池谷裕二曾提出一個理論：**「人在開始行動後，才會產生動力。」**這就像艾薩克．牛頓（Isaac Newton）提出的「慣性定律」（Law of Inertia）一樣，靜止的物體在開始移動後，會持續移動下去。

因此，無論孩子是否有學習動力，最重要的是讓他先開始嘗試。

狡猾手段 48

作業拆成小單位來寫

你意想不到的作用

不知不覺就完成了所有內容

孩子之所以遲遲不願開始學習，原因之一可能是他們**覺得作業量太多**，而不知該如何著手。這種情況下，**把作業拆成小單位來進行**，通常能達到不錯的成效。

例如，把習題的其中一頁剪下來，或將考卷上的某一題單獨剪下來，讓他專注面對眼前的題目。如果不方便直接剪下來，也可以先影印再剪。

當孩子眼前只有一頁，或只有一道題目時，就不會被作業量帶來的壓力影響，比較能集中。就像一道道依序上菜的套餐，當孩子逐題完成，所有作業也在不知不覺間全部做完。孩子在家中自習時，父母請嘗試這個技巧。

狡猾手段

49

準備大張的便利貼「暖身」

你意想不到的作用

啟動動力開關

不少家長會因為孩子不願意念書、寫作業等問題感到煩惱。明明只要專心幾十分鐘就能完成的作業，卻可能花兩小時都寫不完。

這種時候，不妨為孩子準備這套暖身操——先在便利貼上寫「3＋5」這類簡單的算式，大約五題左右，並貼在作業那一頁，讓孩子在正式開始寫作業前先作答。在輕鬆完成這些題目後，孩子就能體驗到小小的成就感。

這個做法可活化大腦中掌管「動力開關」的區域——紋狀體（Striatum），讓孩子更自然的進入學習狀態。

狡猾手段 50

角色扮演學習法

你意想不到的作用

提升學習意願，即使時常改變夢想也無所謂

對孩子來說，很難具體想像現在學習的內容與未來的關聯性。為了讓他自發性的投入學習，不妨嘗試看看「**角色扮演學習法**」。

簡單來說，就是讓他換上憧憬職業的服裝。例如，**想當科學家的孩子可以穿上白袍，而嚮往成為飛行員的孩子則可以換上制服**，懷抱著對未來的期盼，在學習時更加投入。

即使孩子時常改變夢想也無所謂，支持他們的夢想和喜好，可說是育兒中的重要理念之一。

狡猾手段

51

代入感學習法

你意想不到的作用

小小道具，意外提升學習動力

如果覺得角色扮演學習法的難度太高，也可試試「**代入感學習法**」。

這個方法非常簡單，只須購買派對用的裝飾背帶，然後在上面寫上「未來的太空飛行員」之類的稱號，讓孩子像選舉候選人一樣掛著背帶學習。

學習的意義可以包含許多層面，例如為了融入社會，或有關自我實現等，這些想法，對孩子來說或許難以理解。但**只需要一個小小的道具，卻可能意外提升學習的動力**。

孩子對穿戴在身上的東西特別敏感，如果能藉此激發出學習動力，那就是值得一試的好方法。

狡猾手段 52

學習是孩子的天性

你意想不到的作用

不想學習是因為有挫折

許多家長常為孩子不喜歡學習而感到苦惱，但學習是孩子的天性。我之前在對剛入學的一年級生介紹學校或上生活課時，就常聽到他們連聲催促：「我想快點學數學和國語。」

孩子之所以對學習失去興趣，往往是因為學校無法顧及每位學童的程度，**隨著聽不懂的內容越來越多，學習就成了令人感到挫折的事。**

所以，孩子在家中自習時，請父母盡量提供符合能力的題目，並適時帶孩子複習之前不熟悉的部分。

網路上也有許多免費下載的學習題庫資源，請靈活運用這些工具，讓孩子體會到「學習很有趣」。

狡猾手段

53

簡單學習法：寫兩年前的習題

← 你意想不到的作用

透過輕鬆解答提升成就感，
也能順便複習

如果孩子已經對學習感到厭煩，建議可以暫時拋開現在的作業，**試著讓他解答兩、三年前的習題**。當他對自己能輕鬆答對問題感到高興，對學習的抗拒感也會降低。同時，**藉此補足過去可能忽略的基礎**，增進現有課程的理解。

許多家長經常感嘆：「我家孩子就是不喜歡念書。」但孩子不喜歡學習的原因只有一個，就是內容不符合他的能力和興趣。如果學習內容相對應，他就會體驗到「我懂了」的成就感，學習這件事也會變得有趣。

孩子天生就喜愛學習，因為動腦、提升能力是人類的本能，會帶來愉快且滿足的感受。

狡猾手段

54

從拿手科目開始，逐步加強不擅長的

你意想不到的作用

拓展他的強項，建立自信

如果孩子不愛念書，或成績不見起色，可嘗試從強項突破，再延伸到其他科目。別急著要求他馬上加強不擅長的科目，先從他喜歡或比較拿手的科目開始，給他多一點支持和鼓勵。

就算孩子沒有特別拿手或喜愛的科目，也可以從課外的興趣下手。例如，要是孩子喜歡自然科學，就可以買圖鑑給他，或帶他去實地觀察動植物，讓學習不局限於課桌前。

教育的重要訣竅之一，就是拓展孩子的強項。這樣能幫助他建立自信，也慢慢會想挑戰其他科目。如果一開始就要求他加強不擅長的科目，對他來說只會增加壓力，反而容易打擊學習動力。

狡猾手段 55

父母也一起學

你意想不到的作用

在家中營造出學習的氛圍

讓孩子專心學習的好方法，就是家長也在旁一起做些類似的活動，像是記憶生僻字、抄寫書籍內容，甚至準備某些資格檢定考。

家長不應只把「要念書、去念書」掛在嘴邊，而是透過實際行動，在家中營造出適合學習的氛圍。

孩子難以專注學習的原因之一，常來自家中的環境和氣氛。

如果家長要求孩子專心讀書，自己卻一邊看電視或 YouTube，一邊哈哈大笑，那孩子自然很難進入學習的狀態。

狡猾手段

56

在家中各處貼上學習海報

你意想不到的作用

在不經意間記住知識

只要在家中四處貼上與學習相關的海報，孩子的學習成效就會明顯逐步提升。市面上的海報，多數涵蓋了孩子在學校會學到的內容。

- 數學：九九乘法表、加法、減法、幾何圖形、分數、小數、比例、公式等。
- 國語：慣用語、成語故事等。
- 自然：植物、昆蟲、動物、天氣、星座、人體、環境、元素週期表等。
- 社會：地理、歷史、經濟等。

孩子平常瞄幾眼，就能逐漸記住這些知識。**為了避免讓海報變成單調的裝飾，建議每隔一段時間就更換主題。**

狡猾手段

57

把手機交給孩子，實際練習計算

你意想不到的作用

更容易理解數學的應用題

孩子都喜歡玩手機。跟孩子買東西時，可以對他說：「你今天要當計算小幫手。」然後把手機交給他，讓他負責計算各項商品的價格。

例如，問他：「十個共一百二十日圓的紅茶餅乾，跟十五個共兩百日圓的檸檬餅乾，哪個比較便宜？」孩子可以用手機計算出單價，最後得出紅茶餅乾比較便宜的結論。

這是小學五年級學習的「單位計算」概念，對孩子來說並不簡單。透過實際在購物經驗中的練習，孩子以後遇到類似的應用題，就比較能聯想到現場的狀況，對答題有所幫助。

狡猾手段

58

常問孩子：「大概多少錢？」

你意想不到的作用

更熟悉概數的計算過程，提升心算能力

白蘿蔔加上香蕉，
大概是多少錢？
198 日圓（約 200 日圓）
+
105 日圓（約 100 日圓）
大約三百日圓。

小學四年級會學到概數的計算，但不少孩子會覺得這個主題相當困難。但如果在日常生活中，尤其是購物時曾經練習過，就有助於他學習計算概數。

例如，買東西時跟孩子說：「這把青蔥是兩百七十五日圓，大約是三百日圓；地瓜是四百一十八日圓，大概是四百日圓。這樣大約共七百日圓。」像這樣將價格四捨五入，練習概數的計算方式。

養成這樣的習慣後，孩子會更熟悉概數的計算過程，也能一併提升心算能力。往後孩子在面對複雜的計算題時，不僅更得心應手，對學習數學也帶來不小的幫助。

狡猾手段

59

購物時，跟孩子一起計算是否划算

你意想不到的作用

幫助他理解學校的課程內容

升上國小四、五年級後，數學的難度會突然上升，許多孩子會因此開始感到挫折。五年級的「比例」單元，尤其讓不少孩子對數學產生恐懼感。

但如果在上課前讓孩子提前接觸，之後正式學習到時，他會更容易理解、接受。

想讓孩子熟悉「比例」的概念，購物是最好的實戰方式。每當看到「五折優惠」、「三折」等標示，總是讓人感到雀躍，小孩也不例外。所以，在親子一同購物時，可以試試以下的對話。

例如：「這個蛋糕原價一千五百日圓，現在打七折耶！」、「一千五百日圓的一折是多少？」

狡猾手段 60

堆積木、拼拼圖的好處很多

你意想不到的作用

更擅長解圖形題

如果能在生活或遊戲中，有多接觸數學圖形的機會，孩子會對此更熟悉。例如摺紙、堆積木、拼拼圖、捏黏土、疊樂高等，這些遊戲都有助於提升他的圖形理解力。

另外，像切蘿蔔等蔬菜的家務，也能幫助他認識立體圖形。還有，也可以讓孩子練習實際畫出圖形，像是用方格紙或點陣紙，搭配三角尺或圓規來畫各種圖形，如三角形、四邊形、平行四邊形、梯形、五邊形、六邊形、八邊形以及圓形等。

也可以鼓勵孩子把不同圖形組合起來，創造出機器人等圖案，甚至為作品上色，享受圖形世界帶來的樂趣。

狡猾手段

61

在玄關放溫度計、溼度計和氣壓計

你意想不到的作用

培養科學思維，以及對氣象學的興趣

玄關是家中最能感受到室外環境的場所，因此在這裡擺放溫度計、溼度計和氣壓計的話，當孩子實際感受到「今天好冷」或「感覺好悶熱」時，能馬上反應到「現在是二十八度、溼度八七%，難怪這麼悶熱」，逐漸養成用數據理解自然現象的習慣。

以數據理解自然現象的思維，是自然及科學的基礎，而從日常生活中觀察，能培養孩子的科學思考能力。

此外，觀察氣壓計也能幫助他理解氣壓變化與天氣的關聯性，例如低氣壓常伴隨著壞天氣，而且影響到人們的身心狀態。隨著實際體會到天氣預報中提到的資訊，能培養他對氣象學的興趣。

狡猾手段 62

買一臺「簡易式顯微鏡」

你意想不到的作用

啟發對科學的探索心與創造力

花幾千日圓就能讓孩子愛上自然科學——這麼高 CP 值的學習工具就是簡易式顯微鏡，也叫做「攜帶式顯微鏡」，它能在照亮觀察物的同時放大影像，操作簡單，孩子也可以輕鬆上手。

我特別喜歡一款能放大三十倍的簡易式顯微鏡。這樣簡單的小裝置，卻能讓頭髮看起來像鐵管一樣堅固。

無論是砂糖、鹽粒、石頭、花瓣，還是昆蟲，在顯微鏡之下，平常熟悉的物體竟呈現出如此精細美麗的微觀世界，令人讚嘆不已。這樣的驚喜，能激發孩子對自然科學的探索心，甚至引導他走向藝術創造之路。

狡猾手段 63

在客廳放地圖

你意想不到的作用

逐漸累積豐富的地理知識

社會科的內容包含歷史、政治、經濟、產業、國際事務以及環境等，而想了解這些領域，都需要一定的地理知識。所以，藉由在客廳擺放地圖或地球儀，可以跟孩子一同查找在電視節目或對話中提到的地名，以加深印象。

例如，當電視節目提到「日本岐阜縣白川鄉的合掌村……」時，跟孩子一起在地圖上尋找白川鄉的位置。

在找到之後，可以用原子筆標記下來，或貼上便條紙標註。隨著標記的地點越來越多，這些在地圖上的紀錄也會成為另一種樂趣，且在每次看到標記時複習，讓他逐漸累積豐富的地理知識。

狡猾手段

64

圖鑑是個好選擇

你意想不到的作用

拓展興趣，學習無壓力

圖鑑好棒喔～♥

想知道的上面都有！

想提升孩子的學習成效，圖鑑是個不錯的選擇。圖鑑分成博物型圖鑑和主題型圖鑑兩大類，其中主題型圖鑑特別值得推薦，能讓孩子在閱讀間學習，而不會感受到太多壓力。

博物型圖鑑，是指像「昆蟲圖鑑」等介紹各種昆蟲種類與特徵的圖鑑。相較之下，主題型圖鑑則是圍繞特定主題介紹，例如比對動物或建築物大小、游泳速度等的「比較圖鑑」，或「分解圖鑑」、「一生圖鑑」等主題系列。

這些圖鑑都很重視視覺效果，刊載了許多美麗的照片，文字說明也活潑有趣，宛如閱讀故事般，能讓孩子輕鬆愉快的汲取相關知識。

狡猾手段 65

有效運用YouTube，而不是完全禁止

你意想不到的作用

娛樂中同步提升學習力

在孩子常觀看娛樂影片的 YouTube 上，也有很多能幫助學習的內容，比起只有圖片和文字的教科書，有些知識透過影片來呈現會更直觀易懂。

例如，在 YouTube 上搜尋「植物的成長」，就能找到講解發芽條件的影片，或只需要二至三分鐘就能觀看植物一生的短影片；搜尋「國小歷史」，則能找到透過動畫或實景，講解歷史相關知識的影像。

這些影片常使用不同音效，有時包括一些趣味測驗、搞笑橋段，讓孩子不容易感到枯燥乏味。家長可活用這類影片，**讓孩子在娛樂中同步提升學習力。**

狡猾手段

66

漫畫更容易讀懂

你意想不到的作用

自主學習的最佳幫手

漫畫對孩子在學習上的幫助不容小覷。我的學生中有歷史迷、昆蟲迷、植物迷，甚至是宇宙迷，他們都很愛閱讀相關的漫畫。

現今的漫畫涵蓋領域廣泛，不僅限於學習漫畫，也包括歷史、科學、醫療、政治、戀愛、高齡化、職場、未來、哲學等題材。幾乎沒有什麼主題是漫畫無法畫出來的。如果孩子主動提到想看某本漫畫，不妨就買給他閱讀。

即使是稍微有點難度的漫畫，只要父母也閱讀，孩子經常會跟著看。不須特別要求「去念書」，孩子就能從中學習。**漫畫無疑是自主學習的絕佳幫手。**

狡猾手段

67

並非人人都適合名為「考試」的競賽

你意想不到的作用

專注發展孩子的強項

有時候，懂得適時放棄
也很重要。

準備考試有時就像是一場競賽，好比運動員在奧運場上爭奪榮譽。雖然學習與運動看似截然不同，但兩者有個共通點：透過訓練大腦或身體的功能來提升能力。

跟挑戰不同項目的運動員一樣，有些孩子天生學習能力較強，有些孩子則不擅長考試。因此，如果不斷要求孩子「努力就一定能成功」、「成績不好是因為你不夠努力」，或「你應該能做到更好」，很可能會讓他產生太大的壓力，而開始討厭讀書。

切記，不可能每個孩子都在考試中拿到滿分，就像不是每個人都能在一百公尺的短跑比賽中，跑出十秒的成績。

專欄

少子化時代下的升學挑戰

少子化問題已持續數十年，而且情況似乎沒有減緩的跡象。未來，生育率恐怕也不會有明顯的增長。

然而，我們卻可以看到補習班越開越多間，連在鄉村小鎮的車站旁，都能看到多家補習班林立。如今，為一、兩個孩子投入高額的教育費用，已成為普遍的趨勢。

家長為教育投資的最終目標，自然是希望孩子考上理想的大學，但大學也因為少子化的影響，考試的制度和方向正悄悄變化。

在日本，為避免錄取人數不足，許多大學會透過推薦入學（按：臺灣為甄選入學）填補超過半數的名額，再利用一般入學考試來招生，而且這樣的趨勢很可能會延續下去。

因此，在為孩子選擇國中或高中時，或許也須提前考量，是讓孩子上補習班專攻升學考，或讓孩子保有更多發展興趣的空間，未來藉由推薦名額入學，以逐步朝向理想的大學邁進。

第五章

玩樂，是最強大的學習武器

不少家長會擔心：「我家孩子老是愛玩，只會做自己喜歡的事。」面對這樣的抱怨，我只想回答：「這是件很棒的事！」

為什麼我這麼說？因為當孩子全心投入自己喜歡的事時，腦部的血流量會增加，並釋放大量的神經傳導物質（neurotransmitter），強化神經元之間的連結。總之，就是腦部的機能被大幅強化。

你可以將孩子的大腦視為一臺電腦，當中央處理器加速運行，整體的處理效能也會提升，能更迅速的處理更多事。當孩子沉浸在熱愛的事物中，就相當於啟動了「中央處理器加速」模式。

許多人認為人的智商是天生的，但行為遺傳學（Behavioural Genetics）告訴我們，遺傳和環境對腦部機能的影響只各占一半。因此，父母能做的，就是為孩子提供能發揮潛力的環境。

不過，雖說如此，父母也不須刻意準備，因為只要讓孩子盡情享受自己喜愛的事物，大腦能力自然會提升；相反的，如果孩子遭遇暴力或虐待，則會讓腦部掌管記憶的海馬體逐漸萎縮，**這顯示出環境會影響腦部發育**。

看到這裡也許你會懷疑：「**光玩樂，真的能讓孩子提升成績嗎？**」正如前面在第四章提到的，人類天生都喜歡鑽研自己熱愛的事物。當孩子深入探索某件事物時，會逐漸發現自己須應用到數學、閱讀、寫作，或社會及自然科學領域的知識。到那個時候，就算不特別督促，他們也會主動學習。

最後也想提醒各位，**若執意要求孩子克服不擅長的科目，或太重視教養，他的能量很可能會被這些任務分散，而無法顧及原本具有發展性的潛力。**如果希望他更聰明，最理想的做法是讓他擁有更多能投入興趣、享受喜愛事物的時間。

狡猾手段

68

允許孩子好好玩樂

你意想不到的作用

現在不玩，長大一事無成

以前
你不念書的話
將來只會一事無成！
唉—
現在
你要是不好好玩
將來會一事無成！
好！

「別只顧著玩，不念書的話，將來會一事無成！」這種說法在過去很常聽到，但到了現代，觀念也悄然改變。

根據發展心理學家內田伸子的研究，一些考上頂尖大學的孩子，他們的家長往往在幼兒時期，就十分重視讓孩子自主探索喜愛的遊戲。

這個觀點同樣適用於小學階段。在玩樂的過程中，孩子會培養出發掘自己興趣的能力、為達成目標而不斷嘗試的勇氣、堅持到底的毅力，以及與他人互動的溝通能力等。這些都有助於讓學習成績持續進步，也奠定他未來在出社會後收穫成功的基礎。

狡猾手段

69

最強鼓勵字眼：「嚇我一跳！」

你意想不到的作用

以驚訝方式鼓勵，效果最好

與其責備，不如多多誇獎孩子，家長不僅會更輕鬆，孩子的自我肯定感也會成長，對雙方都有好處。

不過，如果誇獎的方式千篇一律，或顯得太過刻意，孩子非但不會有反應，還可能覺得父母只是在引導他做事，而不是真正的認同。

此時**以「驚訝」的方式鼓勵孩子**，效果通常更好。例如，看到他完成某件事時，父母可以露出驚訝的表情，說：「好厲害，也教爸爸吧！」、「原來還有這種方法，媽媽居然沒想到！」只要是孩子自動自發完成，當家長表現出驚訝的反應，就會讓孩子覺得「原來我這麼厲害」，而產生更大的動力去嘗試。

狡猾手段

70

和孩子一起挑選筆記本

你意想不到的作用

頂尖運動員及企業家，都藉由筆記提升實力

父母可以帶孩子一起選購筆記本，讓他挑選自己喜歡的款式。使用喜歡的筆記本來記錄自己的興趣，能增進孩子的表達能力。

過去我在擔任教師時，有個學生會透過筆記本來自學，裡面寫的全是與足球相關的內容，包括訓練課程、教練的指導、比賽後的反省以及自己的目標。另一位喜歡下廚的孩子，則記錄自己創作的食譜，甚至還搭配一些插圖。

無論在哪個領域，透過書寫的過程，孩子能增強思考能力、發現問題，進而克服。事實上，**許多頂尖運動員及企業家都會藉由筆記來提升自我實力**，這樣的習慣也成為他們成功的關鍵之一。

狡猾手段

71

閱讀是效益最高的投資

你意想不到的作用

強化理解力、思考能力，提升孩子的修養

透過閱讀，孩子能加強語言（國語）能力，更容易理解各個科目的學習內容。而且不但有助於學業，也對思維的整體發展有相當大的影響力。

因為人們在理解與思考時，都會使用到語言，而擁有豐富的詞彙量就等於掌握了更多概念，這些概念能提升理解力與思考能力。

此外，閱讀也能讓孩子多方吸收各種知識，汲取別人的經驗和思考方式，在生活中建構出自己的風格。因此透過閱讀書籍，孩子能逐漸培養出深厚的內在修養。

從整體上來看，讓孩子愛上閱讀，是一項效益最高的教育投資。

狡猾手段 72

家人間的閒聊，不是浪費時間

你意想不到的作用

提升孩子的語言組織能力，但別說教

人類的思考與溝通，都是以語言為基礎。因此，擁有良好的語言能力，能在生活中的各種場合帶來許多益處。

提升語言能力最簡單的方法，就是跟家人多多聊天。不僅能加強孩子對詞彙的理解力，也能夠同時培養他的表達能力。

重點是，讓孩子感覺到「可以放輕鬆交談」。因此，家長可以適時點頭附和、表現出驚訝的樣子：「原來是這樣，真不錯！」或引導他們繼續說下去：「然後怎麼樣了？」或帶著同理心回應：「那真的很讓人討厭。」**盡量避免否定或直接開始說教**，讓談話過程保持輕鬆、愉快的氣氛。

狡猾手段 73

每天五分鐘，全家一起安靜閱讀

你意想不到的作用

大人讀，孩子就會想讀

寂靜無聲

現代孩子逐漸遠離書本，也大幅減少了閱讀的習慣。我的建議是，家裡可以安排一個固定的讀書時間，讓**全家人一起安靜閱讀，這樣孩子自然也會跟著讀書**。

即使每天的閱讀時間只有短短的十分鐘，但這會激發孩子對故事情節的好奇心，讓他在其他時間也想繼續讀下去，使實際的閱讀時間因此增加。

當然，平常孩子也可以透過閒聊來提升語言能力，但那些在日常對話中較少見的抽象概念詞彙，仍須透過閱讀來學習。

要培養良好的語言能力，閱讀是最理想的途徑。

狡猾手段

74

親子對話，多用陌生的詞彙

←你意想不到的作用

詞彙力成長為十倍、二十倍

媽媽，妳在做什麼？
我在洗米。
米洗太多次的話，裡面的澱粉、營養、鮮味和甜味都會流失，所以要特別小心。
唰、唰
唰、唰

日常的親子對話，可以成為提升孩子詞彙量的寶貴機會。

當孩子問：「媽媽，妳在做什麼？」家長要避免只說「在煮飯」、「在化妝」、「在工作」等簡單的回答，改成敘述更多行為上的細節。

例如，如果父母正在準備晚餐，可以回答「我正在把白蘿蔔切成條狀」、「在燙花椰菜」、「在讓蛤蜊吐沙」、「在洗米」、「在解凍肉」，用不同的描述，稍微解釋每個步驟的名稱和含義。

只要在生活中多花點巧思，就能讓孩子的詞彙力成長為原本的十倍，甚至是二十倍。

狡猾手段

75

練習用連接詞把句子接起來

你意想不到的作用

幫助孩子整理腦中思緒

當人們說「這個人很聰明」，通常指他能清楚表達自己的想法或情感，也就是具備強大的言語表達能力。要強化這項能力，除了透過閱讀累積知識，增加輸出的機會也同樣重要。

在此推薦一本寫作書籍：《R80：用八十字邏輯表達自我想法的訣竅》（中島博司著，繁體中文版尚未出版）。書中介紹了如何將約四十字的句子，**透過連接詞組合成八十字的完整文章**。根據導入這個方法的學校表示，許多孩子的成績因此大幅提升。

現在是一個透過社群媒體發聲，就能改變工作與人生的時代，因此言語表達力的重要性也更甚以往。

狡猾手段 76

用膠帶做勞作

你意想不到的作用

享受手工創作的樂趣

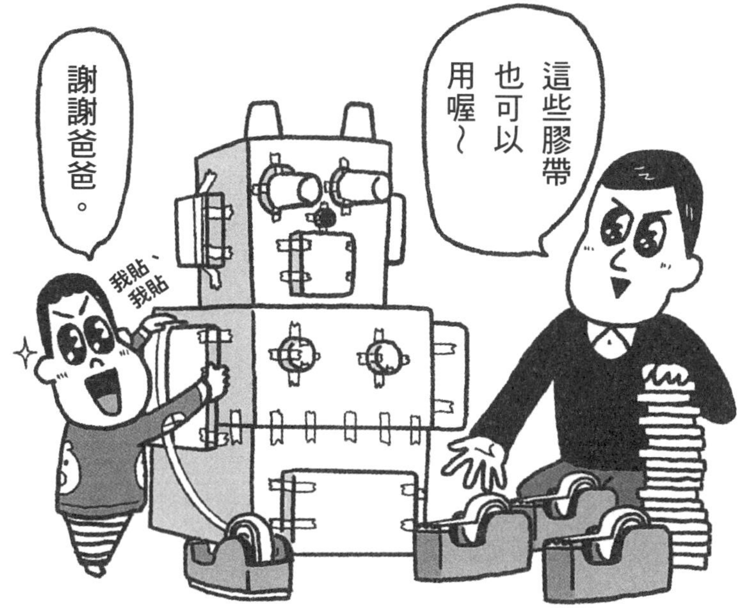

當孩子沉浸在堆積木、樂高、捏黏土、著色、畫畫等創作活動中，大腦會處於活化的狀態。這些創作活動能強化思考力、想像力，以及創造力。

尤其在做勞作時，透過自由組合各種材料，可以更全面的培養孩子的創造力。因此，請讓孩子盡情的享受手工創作的樂趣。

建議在創作過程中，**提供孩子足夠的膠帶盡情使用**。如果是使用膠水，須等一段時間才會乾，而膠帶能快速的黏貼組合，比較跟得上孩子的創作速度。

不過，如果家中有年幼的弟弟、妹妹，請家長妥善保管小型的零件或是材料，降低誤吞的風險。

狡猾手段

77

避免在孩子全神貫注時干預

你意想不到的作用

促進大腦活化，自然而然的成長

當人們沉浸在自己喜愛的事物時，會懷抱著「我想更厲害」、「我要做得更好」的熱忱，全心投入其中。這時候，大腦的血流量會增加，並且釋放大量的多巴胺，強化神經元之間的連結，加速大腦的成長。

如果孩子在這種狀態下被打斷，那就太可惜了，因為就像電腦一樣，在重新啟動後，要回歸原本的工作狀態，就需要耗費一定的時間和能量。

因此，**若是想提升孩子的能力，最好避免在他全神貫注時插手干預**。家長適時放手，讓孩子專注在熱愛的事物上，他的大腦才能獲得成長的空間。

狡猾手段

78

厭倦了也沒關係，多嘗試

你意想不到的作用

增加發掘興趣的機會

有不少家長會煩惱：「我家孩子很容易厭倦，不管做什麼事都很難堅持下去。」但這點倒也不是問題，這是孩子的特權。幼年時期的短暫嘗試，會成為未來的基礎。

所以，只要孩子對某件事感興趣，不妨幫他尋找相關的書籍、帶他實際體驗，或參加相關的課程，讓孩子有機會一一嘗試。試得越多，就越有機會找到喜歡的興趣。

嘗試兩件事跟二十件事，找到的機會相差了十倍。雖然一開始可能比較耗時費工，但一旦找到熱愛的事物，孩子就會成長，家長也會感到輕鬆許多。

狡猾手段

79

不須拘泥於「一旦開始了就要堅持」

你意想不到的作用

短暫熱衷的事物，也會成為寶貴的資產

孩子的興趣通常會不斷改變，今天喜歡鐵路、明天迷上足球，後天又盯著昆蟲看，甚至在一天當中變來變去。

即使只是一時的熱衷，這些經驗都可能在未來與其他事物連結，成就孩子獨特的個性。

因此，**家長不須拘泥於「一旦開始了就要堅持到底」**，而是支持孩子當下熱衷的事物。

在特定領域表現傑出的人，通常在孩提時代，也曾經十分熱衷於其他領域的事物。

狡猾手段 80

從他常做的事中找線索

你意想不到的作用

潛能，藏在不經意但常做的事裡

來試試看吧！
不管做什麼都可以！
唱歌
哇——哇——
足球
啪
將棋

有些家長可能會擔心「我家孩子沒有特別喜歡的事物」。然而，興趣不一定是孩子積極投入的某項活動，**他不經意但常做的事也可以納入觀察範圍**。

仔細觀察孩子的行為，或許會發現一些線索，比如「他好像很喜歡活動身體」，家長可以創造機會，幫助孩子深入探索這些興趣。

當然，有時候即使家長再怎麼仔細觀察，也未必能發現孩子的潛力。以日本將棋棋士藤井聰太為例，他的天賦在造訪親戚家、偶然接觸到將棋之前，甚至連家人都無法察覺。因此，多方嘗試各種事物，在孩子的成長過程中具備相當重要的意義。

專欄　父母最該投資的是自己，不是孩子

幾乎所有的父母都希望自己的孩子能成功。但若期望過於強烈，就可能演變成過度干涉，對孩子反而會造成負面的影響。「他必須更努力學習」、「一定得讓孩子學點什麼才行」——當家長心中充滿這樣的想法，很可能在不知不覺間給孩子過多的壓力。結果反而讓他更難學會如何獨立面對人生。

如果你發現自己總是不小心過度干涉孩子的生活，那麼，**不妨嘗試學習新的事物。因為家長想讓孩子「多做些什麼」的焦慮，很多時候是來自於自己沒有活出理想人生的無力感**。當家長全心投入自己的興趣時，也是在給予孩子更多的自由與空間。

或許有些人會覺得：「把錢花在自己身上，會不會太自私了？」但請別忘了，即使為人父母，也應該好好投資自己，擁有充實美好的人生。

第六章

換個方式讚美與鼓勵，孩子更有感

現代社會決定一個人能否成功，並過上幸福生活的關鍵，在於非認知能力，這些能力無法用數字量化，卻非常重要。**非認知能力包括耐心、積極性、上進心、協調性、溝通能力、自我肯定感等，都是孩子未來在適應社會、面對挑戰時不可或缺的能力與技能**。

家長或許會覺得，自己的孩子也應該具備這樣的能力。但仔細想想，你是否曾學習過這類能力？答案可能是否定的，因為**非認知能力是從生活中慢慢累積而來**。這也表示，讓孩子多經歷一些不同的體驗，才是培養非認知能力的關鍵。

帶孩子去旅行、運動、學習新事物、加入社團活動等，都是很棒的體驗方式。不過，家長要特別留意的是，**這些體驗是孩子真正感興趣的事物**。如果只是出自家長的期望，當孩子的反應不如預期時，家長表現出失望或不悅的態度，反而會帶來更多負面的影響。

在幫孩子安排相關的體驗前，更重要的是確保擁有穩定、安全的家庭環境。舉例來說，如果父母經常激烈爭吵，孩子會缺乏基本的安全感，並影響到他的身心發展。對孩子來說，父母的和諧與穩定，與他的生活，甚至是性命息息相關。身處令人不安的環境，要自由發展出非認知能力，是極其困難的一件事。

當孩子生活在一個溫暖、令人放鬆的家庭環境中，才能自在的探索自己的興趣，勇敢嘗試新事物。親愛的父母，在考慮如何讓孩子成長前，請先反思：我的家庭，是否已是一個能讓孩子安心、穩定成長的避風港？

狡猾手段

81

創造實際體驗的機會

你意想不到的作用

分享感動，加強親子關係

為孩子多**創造一些實際體驗的機會**吧！在這些時刻，家長也別忘了表達自己的感動，例如：「好厲害！」、「真有趣！」當孩子感受到自己的驚嘆與感動也被認同，就會覺得這些情感是有價值的，並對眼前的人事物更感興趣。

親眼目睹水壩等壯觀的建築物、遠古恐龍的化石、罕見的生物或壯麗的自然景色時，人們會感受到無法從書本或影片中獲得的深刻震撼與感動。這樣的感受是啟發孩子探索知識與創造藝術的重要基礎。

感動越深，激發的能量也會越強大。共享這些感動，能使親子間的羈絆更加深厚。

狡猾手段

82

讓孩子盡情做喜歡的事

你意想不到的作用

看似繞遠路，其實最有效

平時多讓孩子做他感興趣的事

「要怎麼做，才能夠讓孩子主動挑戰？」、「如何讓孩子在眾人面前積極發言？」我經常聽到家長提起類似的問題。如果透過責備的方式要求：「你應該更積極表達自己的意見！」只會得到適得其反的結果，讓他更加抗拒。

雖然看似有些在繞遠路，但最有效的做法，就是**讓孩子盡情做喜歡的事**。當孩子在興趣中找到自信，或有許多想分享的體驗時，他自然會更積極主動。

須理解的是，積極或謹慎等性格上的表現，很大一部分取決於孩子的天性，而且兩種性格沒有好壞之分。為了培養孩子開拓人生的能力，最好的方法是讓他盡情探索自己喜愛的事物。

狡猾手段 83

鼓勵孩子有自己的小天地

你意想不到的作用

從小建立「重視自我」的人生哲學

不少人會相當在意世俗的眼光，生活中容易以他人為重。這樣的狀況在孩子之間也很常見，例如太過在意朋友的眼光，或害怕被朋友排擠，不敢表現出真正的自己。過度迎合他人，不僅容易令孩子感到壓抑，也可能阻礙相關能力的發展。

在接下來的時代，無論是工作還是私底下，都更加重視個性與自主性。因此，讓孩子從小建立並提升自我價值，變得尤其重要。

為此，家長應該鼓勵孩子擁有自己的小天地，無論是喜歡的事或特別熱衷的興趣，讓他全心投入其中，他才會逐漸培養出真正的獨立性。

狡猾手段

84

失敗時，先別說：「怎麼又做不好？」

你意想不到的作用

培養孩子的共情能力

當我們看到有人遭遇困難，心中自然會升起想幫忙的念頭，許多人也會主動伸出援手。那麼，當孩子遇上困難或失敗時，我們又會怎麼做？**多數家長可能會幫孩子收拾殘局，但同時責備他：「怎麼又做不好？」、「你爭氣一點！」**

試想，當不熟識的人需要幫助時，我們不會對他們說：「你真糟糕！」或「好好做很難嗎？」而是會默默幫忙。同樣的，對自己的孩子也應該秉持這種態度，從旁給予溫柔的支持。

孩子或許不會明顯表達出來，但內心會深深感激父母的體諒與幫助。而這份被親切相待的經驗，會成為他未來想對他人施以善意的動機。

狡猾手段

85

稱讚某個細節、亮點

你意想不到的作用

建立對不擅長事物的信心

學校的教室或走廊上，常會展示孩子在課堂上畫的圖。尤其是低年級的孩子，他們的作品充滿了表現力與活力。但到了大概三年級左右，技術層面——也就是所謂「畫得好或不好」的差異，開始變得顯而易見。

如果孩子因為覺得自己畫得不夠好而感到挫敗，這時**稱讚「細節」**是一種非常有效的方法。

即使作品整體看起來平平無奇，家長也可以聚焦在某個亮點，例如「這匹馬的腿畫得很有力量」、「這片葉子的顏色塗得很漂亮」等。當孩子接收到家長對部分細節的讚美，會減輕對不擅長事物的擔憂。

狡猾手段 86

尊重孩子特有的穿衣品味

你意想不到的作用

不必凡事一一安排

孩子喜歡的衣服，像是色彩鮮豔的動漫角色T恤等，經常不是大人眼中「有品味」的選擇。特別是對喜歡打扮的家長來說，可能會希望孩子穿上自己精心挑選的服飾。

但如果總是強迫孩子穿父母選擇的衣服，反而會削弱他的自主性。除了太不合適或不符合公開場合的打扮，家長可以試著多尊重他在穿搭上的喜好。

當孩子能穿上自己挑選的衣服，每天早上換衣服的時候，他也會更樂意配合。如此一來，**不但能讓孩子開心，也能減少家長一一安排的壓力。**

狡猾手段 87

在家中擺放全身鏡

你意想不到的作用

讓孩子更注重自我儀容

不論是養育男孩或女孩，家長或多或少會希望孩子將來受人喜愛。為此，外型和內在都同等重要，在此先分享有關外貌方面的小祕訣。

有個簡單而實用的方法，就是**在家中的玄關放一面大型的落地全身鏡**。如此一來，孩子在每天出門或回家時，都可以照鏡子，檢視自己的服裝是否整潔、頭髮有沒有亂翹，或嘴角是否還沾著食物。久而久之，他就會養成習慣。

同時，也可以幫助孩子建立對外表的自信心。另外，將他在入學典禮等場合穿著整齊的照片掛在牆面上，孩子看到後會覺得：「我還不錯嘛！」就會因此更注重自己的服裝儀容。

狡猾手段

88

魔法咒語：「你怎麼穿都好看！」

你意想不到的作用

外貌會對人生產生很大的影響

隨著智慧型手機及社群媒體的普及，人們越來越頻繁的分享自己的照片，也因此對時尚和外貌的重視程度越來越高。這種趨勢不論男女，甚至連小學生之間都蔚為風潮。

雖然人不能只看外表，但不可否認的是，外貌對人生會產生很大的影響。因此，家長應該幫助孩子建立對外貌的自信心。

有位家長曾向我分享自己的經驗。小時候，媽媽經常對他說：「**你怎麼穿都好看，真是太棒了。**」這句話無形間幫助他建立了自信，也了解到服裝儀容對一個人的重要性。

狡猾手段 89

時常稱讚：「你的笑容真棒！」

你意想不到的作用

學會同理心、懂得體諒他人

要成為一個受歡迎的人，外表固然重要，但內在更是不可或缺。這包括體諒他人，以及正向且具同理心的言語表達能力。即使外表再出色，若常把負面的言辭掛在嘴邊，還是很難受到他人的喜愛。

想讓孩子學會體諒他人，以及正向的言語表達能力，最好的方法是由家長以身作則。當孩子遭遇困難時，與其責備，不如給予協助；當孩子說話時，耐心傾聽並展現同理心；當他進步時，真心給予誇讚。

請父母在孩子展露出笑容時，不吝稱讚一句：「你的笑容真棒！」

狡猾手段

90

提不起勁？或許只是他的目標與方向不同

你意想不到的作用

尊重孩子的人生選擇

想打棒球的原因
想交到朋友。
想把孩子培養成職業選手。

許多家長常感嘆：「我家孩子似乎總是提不起勁。」、「希望他更積極投入各種事物。」不過，在下這樣的結論前，家長或許應該先反思一下自己的價值觀。**大人認為的「缺乏動力」，很可能只是親子之間對「動力」的目標和方向有不同的認知。**

無論是學習、運動還是各種才藝，家長期待孩子努力的領域，未必是孩子真正感興趣的事物。

與其強迫孩子按照自己的價值觀採取行動，不如尊重他的選擇，支持他專注在真正熱衷的事物上。畢竟，孩子的人生是屬於他自己的。

狡猾手段

91

別太執著在成人的價值觀與教育方針

你意想不到的作用

請適當放下對孩子的高度要求

衝啊！衝啊！
熱熱鬧鬧
這把武器一定要拿吧？
熱熱鬧鬧
那把超稀有。

許多家長擔心電玩遊戲成癮，會影響孩子的學業，因此不願讓孩子接觸。然而，孩子有他自己的交友圈。如果朋友聚在一起玩遊戲，卻只有自己無法參與，可能會使他無法融入團體。

更糟糕的是，有些孩子會為了迎合父母的要求，在家表現得順從無比，卻在背地裡跟朋友偷偷玩遊戲，反而容易引發更多的問題。

若家長過度堅持自己的教育方針，可能會讓孩子感到壓抑、喘不過氣來。為了避免這樣的情況發生，**請適當放下對孩子的高度要求**。

狡猾手段

92

跟孩子分享自己遭遇的挫折

你意想不到的作用

人人都需要適當的情緒支持

當孩子經歷考試不及格、在比賽落敗等無法達到原本預期結果的挫折時，家長的應對方式格外重要。**提供適當的情緒支持**，有助於孩子重振起精神。

不過，如果孩子是需要獨自消化情緒的類型，家長則應該避免過度干預，但也要保持關注，讓孩子感受到支持。

當孩子想傾訴不甘心的負面情緒，家長可以耐心傾聽，並帶著同理心陪伴他。無論結果如何，記得讚揚孩子在過程中的努力。千萬不要責備他還不夠努力，這只會讓他更難走出挫折的陰影。

此外，**家長也可以分享自己遭遇挫折的經驗**。對孩子來說，挫折同時也是反思自我、逐步成長的絕佳良機。

狡猾手段

93

親子間增加親密接觸

你意想不到的作用

成為孩子的情緒穩定劑

人從出生那一刻起，就藉由身體接觸感受到被照顧的安全感。父母透過接受孩子，展現的不僅是愛，也是無聲傳遞「我最喜歡你了，你可以放心」的重要行為。

相較於歐美國家普遍進行擁抱或親吻等肢體接觸，**亞洲家庭在這方面顯得相對保守**。

家長不妨在日常生活中多抱抱孩子，用實際行動來表達關愛。這麼做，能穩定孩子的情緒，同時幫助他建立良好的人際關係、專注面對眼前的目標及挑戰。

狡猾手段 94

無法當面說的話，就用 LINE 傳達

你意想不到的作用

更容易表達出自己的感受

媽媽，謝謝妳……。
<1 家人（3）
母
妳是我們家的寶貝，最喜歡妳了。有妳在身邊真是幸福。

現在這個年代，許多孩子都擁有智慧型手機，既然如此，何不善加利用？有些重要的話，可能會因為害羞的關係，難以當面說出口。這種時候，**透過 LINE 或簡訊來表達**，通常會更快也更有效。

例如，父母可以傳些溫暖的話給孩子：「謝謝你這麼努力，真是幫了我大忙。」、「妳是我們家的寶貝，最喜歡妳了。有妳在身邊真是幸福。」這些小小的鼓勵，都能讓孩子感受到家長的支持與關懷。

如果不小心對孩子發脾氣，也可以傳訊息道歉。由於 LINE 和簡訊也是寫作的一種，能讓人傳遞出平常沒有特別表達，或有些難以啟齒的真心話。

狡猾手段

95

情緒失控時，適時深呼吸

你意想不到的作用

暫時遠離現場也可以

平常心

育兒是一項充滿壓力的任務。父母身心疲憊不堪，孩子又吵個不停時，難免會想發火甚至怒吼。但請記住，謾罵及暴力不僅會影響孩子的大腦發育，還可能使他的自我肯定感下降，甚至對父母產生不信任感。要避免情緒失控，**深呼吸是最有效的方法之一**。

當你覺得快要爆發時，請嘗試深吸一口氣，讓空氣充滿你的胸腔，再盡可能緩慢的吐出氣。

就算只是一、兩次深呼吸，也能使你的心情平穩許多，避免直接將負面情緒發洩在孩子身上。如果可以的話，**暫時離開現場也是一個好辦法**。

狡猾手段

96

別把「配合別人」視為重要價值

你意想不到的作用

幫助孩子找到真正想做的事

沒必要在意周遭的眼光，
要坦率的為自己而活。
嗯！

在亞洲文化的薰陶下，配合他人、齊頭並進、在意世俗眼光等特性，早已深植在亞洲人心中。

在育兒的過程中，家長容易過度在意他人的看法，將孩子的教養、成績、學歷，甚至未來的工作等，與其他的孩子比較。家長和孩子都不願格格不入，也擔心跟不上別人的腳步。

但**若把「配合別人」**視作**重要的價值，就很難活出屬於自己的人生**。家長應避免過度在乎外界的眼光，無論是生活或育兒方式，都應該忠於自己、活出自我。同時，也務必為孩子的未來留下一片自由天地，讓他能勇敢的走出屬於自己的人生道路。

狡猾手段

97

加強從失敗中復原的能力

你意想不到的作用

避免成為家裡蹲或啃老族

不少家長擔心：「希望我家孩子將來不會變成家裡蹲或啃老族。」這樣的憂慮不無道理，孩子如果考試失利、求職或工作受挫，都可能導致這種情況。因此，**幫助孩子加強「從失敗中復原的能力」**，就變得格外重要。

很多時候，不順利的人際關係也是成為家裡蹲或啃老族的一大主因。無論在學校還是職場，人際關係的本質在於信任及溝通能力。所以，從建立穩固的親子關係開始，並在生活中培養孩子的互動能力，是最理想的預防措施。

家長不須刻意做什麼，只要注重孩子的自我肯定感，並用心維繫良好的親子關係，就能為孩子奠定穩固的基礎。

狡猾手段

98

父母是啦啦隊，不是指揮一切的教練

你意想不到的作用

別以「為了孩子好」為名，施加壓力

根據日本神戶大學與同志社大學針對約兩萬名受試者進行的研究顯示，**比起學歷或收入，一個人的幸福感，更取決於「自主決定的程度」**。

因此，如果希望孩子能過得幸福，無論是興趣、學習才藝、社團，甚至是人生方向，都應該尊重孩子的意願。

家長以「為了孩子好」為名而施加壓力，往往是不幸的開端。當然，家長可以提出自己的想法，與孩子進行民主且開放的討論，但在做最終決定時，請尊重孩子的意願和選擇。

畢竟，孩子的未來屬於他們自己。**父母的角色應該是陪伴和支持的啦啦隊，而不是指揮一切的教練**。

狡猾手段

99

全力支持孩子熱愛的事物

你意想不到的作用

所有過程都將成為孩子的珍貴資產

我以後想當畫家。
很棒呀！
太棒了！
爸爸跟媽媽都會為妳加油！
SKETCH

「希望孩子將來能自立，過著幸福的生活。」有的家長懷抱這個心願，並為此投入大量的時間、金錢與精神，用心栽培孩子。然而，當今的社會變化迅速且難以預測，過去的努力未必能帶來預期的效果。

但仍有一個方法可以確保孩子獲得幸福，就是「**全力支持孩子本身熱愛的事物**」。無論結果如何，都會成為孩子一生受用的知識與經驗。

須特別留意的是，社會今後的發展沒有人能預測，眼前的成果不具有實質意義。時機成熟時，孩子或許已放開父母親的手，展翅翱翔。

專欄
煩躁時，先換上寬鬆的服裝

如果你經常因為孩子的教養問題感到焦慮、煩躁，不妨**先換上寬鬆的衣服**，有時候光是這麼做，情況可能就會有所改善。

因為像緊身褲、貼身襯衫或壓迫感較強的內衣，會在不自覺間導致血液循環不良，甚至讓呼吸較急促，為身體增加不必要的壓力。育兒本身會帶來較大的壓力，所以更需要優先考慮，自己在什麼樣的狀態下會感到最舒適。

現在不少孩子也喜歡穿緊身褲、貼身的發熱衣或修身的窄管褲，但長時間穿著束縛身體的衣物，可能導致身體不適，影響健康。所以建議選擇尺寸大一點，或版型較寬鬆的服裝，這樣不僅能讓呼吸和動作更輕鬆，穿脫也更方便，有助於減輕日常的壓力。

國家圖書館出版品預行編目（CIP）資料

狡猾育兒術：育兒狡猾≠騙，而是驅使人行動的技巧，不催、不罵，哄出孩子的自動自發，雙贏。／親野智可等著；林佑純譯 .
-- 初版 . -- 臺北市：任性出版有限公司，2025.05
256 面；14.8×21 公分 . --（issue；090）
ISBN 978-626-7505-58-8（平裝）

1. CST：親職教育　2. CST：子女教育

528.2　　114000886

issue 090

狡猾育兒術

育兒狡猾≠騙，而是驅使人行動的技巧，
不催、不罵，哄出孩子的自動自發，雙贏。

作　　者／親野智可等
譯　　者／林佑純
責任編輯／陳語曦
校對編輯／黃凱琪
副 主 編／馬祥芬
副總編輯／顏惠君
總 編 輯／吳依瑋
發 行 人／徐仲秋
會 計 部｜主辦會計／許鳳雪、助理／李秀娟
版 權 部｜經理／郝麗珍、主任／劉宗德
行銷業務部｜業務經理／留婉茹、專員／馬絮盈、助理／連玉
　　　　　　行銷企劃／黃于晴、美術設計／林祐豐
行銷、業務與網路書店總監／林裕安
總 經 理／陳絜吾

出 版 者／任性出版有限公司
營運統籌／大是文化有限公司
　　　　　臺北市 100 衡陽路 7 號 8 樓
　　　　　編輯部電話：（02）23757911
　　　　　購書相關諮詢請洽：（02）23757911 分機 122
　　　　　24 小時讀者服務傳真：（02）23756999
　　　　　讀者服務 E-mail：dscsms28@gmail.com
　　　　　郵政劃撥帳號：19983366　戶名：大是文化有限公司

香港發行／豐達出版發行有限公司　Rich Publishing & Distribution Ltd
　　　　　地址：香港柴灣永泰道 70 號柴灣工業城第 2 期 1805 室
　　　　　　　　Unit 1805, Ph.2, Chai Wan Ind City, 70 Wing Tai Rd, Chai Wan,
　　　　　　　　Hong Kong
　　　　　電話：21726513　傳真：21724355　E-mail：cary@subseasy.com.hk

封 面 設 計／林雯瑛　內頁排版／吳思融
印　　　刷／緯峰印刷股份有限公司
出 版 日 期／2025 年 5 月初版
定　　　價／新臺幣 390 元（缺頁或裝訂錯誤的書，請寄回更換）
I S B N／978-626-7505-58-8
電子書 ISBN／9786267505519（PDF）
　　　　　　9786267505526（EPUB）

ZURUI KOSODATE
by Chikara Oyano
Copyright © 2024 Chikara Oyano
Complex Chinese translation copyright ©2025 by Willful Publishing Company
All rights reserved.
Original Japanese language edition published by Diamond, Inc.
Complex Chinese translation rights arranged with Diamond, Inc.
through BARDON-CHINESE MEDIA AGENCY.

有著作權，侵害必究　Printed in Taiwan